¡BIENVENIDA A
BOSNIA Y HERZEGOVINA!

Iglesia de Santa María de Jajce.

¡Bienvenido y bienvenida a Bosnia y Herzegovina! Enclavado entre Croacia, Serbia y Montenegro, este pequeño país de menos de cuatro millones de habitantes evoca inmediatamente el último conflicto que sacudió a la antigua Yugoslavia en los años 1990. La mayoría de los turistas vienen aquí para ver las huellas de esa guerra. Pero una vez aquí, hay mucho más que descubrir: la naturaleza salvaje, las estaciones de esquí olímpicas alrededor de Sarajevo, el clima mediterráneo de Herzegovina, los ríos donde hacer rafting, una de las mejores cocinas de los Balcanes, los monumentos heredados de los otomanos y del Imperio austrohúngaro, y la maravillosa hospitalidad de sus gentes. Los bosníacos (musulmanes, 50 % de la población), los serbobosnios (ortodoxos, 31 %), los bosniocroatas (católicos, 15 %) y otros comparten un pasado doloroso y un gran sentido del humor. De hecho, la mayoría de ellos están convencidos de que viven en un país dc locos. Difícil de entender, pero fácil de descubrir, Bosnia y Herzegovina es el país ideal para todos aquellos que buscan un destino alejado de los caminos trillados.

Puente Viejo de Móstar.

AF276495

ÍNDICE

Kriva Cuprija o puente Curvo de Móstar.

GRATIS **ESTA GUÍA EN FORMATO DIGITAL**
Código de descarga en la página 97

Vista panorámica de la ciudad de Trebinje.

DESCUBRE

LO MÁS DESTACADO DE BOSNIA Y HERZEGOVINA

Tan cerca y tan lejos

En el corazón de los Balcanes, rodeada por Croacia al oeste y al norte, Serbia al este y Montenegro al sur, Bosnia y Herzegovina continúa siendo una gran desconocida para los españoles. Sin embargo, su capital, Sarajevo, a unos dos mil kilómetros de Barcelona, es famosa. Aquí, durante siglos, se ha forjado parte de la historia de Europa. Tierra de montañas, lagos y ríos, Bosnia y Herzegovina posee la naturaleza más salvaje de Europa. Su fauna y flora son de una riqueza insospechada. Aún hay lobos y osos, y la mitad del país está cubierta de bosques. A pocos kilómetros de las costas de Croacia y del Adriático, descubrirás un pequeño país de excepcional riqueza natural y cultural en Europa.

Un clima agradable

El clima es semicontinental en Bosnia central y oriental, pero mediterráneo en Herzegovina. Los veranos son siempre calurosos y soleados. En invierno, el 60 % de su territorio está cubierto de nieve ¡y es Navidad todos los días!

En la encrucijada de Oriente y Occidente

Crisol de culturas como ningún otro lugar en Europa, este pueblo predominantemente eslavo fue en su día bogomil, una religión ya desaparecida, proveniente de Bulgaria, en la que se habrían inspirado los cátaros. La influencia de los eslavos del norte se afianzó posteriormente. Un 50,7 % de sus habitantes son musulmanes, un 30,7 % ortodoxos y un 15,2 %

Barrio del Puente Viejo, en Móstar.

© ADNAN VEJZOVIC / SHUTTERSTOCK.COM

Lago Rama, en Prozor-Rama, cerca de Jablanica.

católicos. El Imperio otomano gobernó Bosnia durante más de cuatro siglos, y su influencia fue decisiva. Por último, los judíos sefardíes procedentes de España y los gitanos llegados de Rumanía y Bulgaria completan el mosaico bosnio. De este pasado, pero también de su presente, se pueden descubrir innumerables monasterios, templos, iglesias y mezquitas, así como numerosos lugares bogomilos con sus características tumbas.

Un destino intacto

Bosnia aún no es un destino turístico de masas, lo que permite disfrutar de un país poco trillado, con un coste de vida interesante. La vida cotidiana es muy barata y los hoteles ven como sus tarifas evolucionan favorablemente año tras año a medida que aumenta la demanda. Así, podrás recorrer el país al ritmo pausado de los autobuses y trenes con un presupuesto reducido. Las ciudades te brindarán la oportunidad de sumergirte en la historia y te impregnarán

de su excepcional encanto. Sarajevo y Móstar, dos joyas construidas en medio de cadenas montañosas, demuestran la ósmosis entre las viejas piedras y la naturaleza. El casco antiguo de Sarajevo, otomano y austrohúngaro, que trepa por las montañas circundantes, y Móstar, construido alrededor del Neretva, con su inolvidable color azul verdoso, son ciudades en las que el tiempo parece haberse detenido.

Una acogida sincera

Los bosnios, de tradición campesina y montañesa, siempre han conservado un carácter y una filosofía de vida en armonía con la naturaleza. Tranquilos, te acogerán con simpatía y amabilidad. No hay necesidad de apresurarse, eso no va con la naturaleza de las cosas. Siempre están listos para charlar, y quizás te inviten a beber *šlivovica*, el alcohol de ciruela local. A pesar de que la guerra de los años 1990 les complicó la vida, mantienen su autenticidad.

DESCUBRE

FICHA TÉCNICA

País

▶ **Nombre oficial:** Bosnia y Herzegovina.

▶ **Capital:** Sarajevo.

▶ **Superficie:** 51 129 km².

▶ **Lenguas:** bosnio, croata y serbio (en realidad la misma lengua, bosnio-croata-serbio, pero con diferencias en los alfabetos latino y cirílico).

Población

▶ **Población:** 3 816 459 (noviembre 2022).

▶ **Densidad:** 75 habitantes por kilómetro cuadrado.

▶ **Tasa de natalidad:** 8,41 ‰

▶ **Tasa de mortalidad:** 10,26 ‰

▶ **Esperanza de vida:** 78 años.

▶ **Religión:** 50,7 % musulmanes, 30,7 % ortodoxos y 15,2 % católicos.

Economía

▶ **Moneda:** introducida en junio de 1998, la moneda oficial del país es el marco convertible o Konvertibilna Maraka (KM), también designado como

Por las calles de Sarajevo.

© PAUL PRESCOTT72 · ISTOCKPHOTO

LAS BANDERAS BOSNIAS

Bosnia y Herzegovina no es un Estado simple desde el punto de vista político. Esto se refleja en las banderas nacionales. Las banderas, porque hay tres.

▶ **La bandera del Estado central** (Bosna i Hercegovina, BIH) es reciente y totalmente nueva. Para no ofender a nadie, no se parece a nada que pueda recordar a los nacionalismos; amarillo y azul con estrellas blancas. La parte amarilla marca el contorno del país.

▶ **La bandera de la Federación de Bosnia y Herzegovina** (Federacija Bosne i Hercegovine), originalmente llamada Federación Croato-Musulmana, está formada por el escudo de Croacia enmarcado en rojo y verde, los colores del islam.

▶ **La bandera de la República Srpska** (RS) es idéntica a la bandera serbia, roja y azul, pero sin el escudo serbio. Así, las tres banderas representan exactamente la situación étnica y política del país.

BAM en lenguaje técnico. Tiene una paridad fija con el euro.

▶ **PIB:** 26 692 millones de euros.

▶ **PIB per cápita:** 7349 euros/habitante.

▶ **Tasa de crecimiento:** 7,1 %.

▶ **Tasa de inflación:** 2,2 %.

Huso horario

Mismo huso horario que España, tanto en invierno como en verano.

Clima

En Bosnia y Herzegovina hay tres tipos de clima: semicontinental para gran parte de la mitad oriental y septentrional del país. Un clima de montaña, principalmente en toda la parte occidental y, por último, un clima mediterráneo para una gran parte de Herzegovina, cerca de la costa. Cabe señalar que hay poca diferencia entre el clima semicontinental, característico del país, y el clima de montaña. Las temperaturas extremas son posibles: en enero puede haber -15 °C en Sarajevo y +45 °C en Móstar en agosto. Del mismo modo, los niveles de humedad son más altos en Herzegovina a pesar de su clima mediterráneo, lo que se debe a que en el resto del país nieva todo el invierno, lo que se traduce en menor cantidad de agua.

BOSNIA Y HERZEGOVINA EN 10 PALABRAS

Alcohol

No se bebe más en Bosnia que en otros lugares, pero en el campo, como en los Balcanes en general, las especialidades son la *rakia*, palabra genérica que designa todos los alcoholes blancos como la *šlivovica*, elaborada con ciruela, o la *loza*, hecha con uvas. La cerveza está muy extendida en todas partes y cada ciudad importante tiene su marca: Sarajevsko en Sarajevo, Tuzlanski en Tuzla, la Nectar en Banja Luka y la Preminger en Bihać. La mayoría de la población musulmana también bebe.

Bogomilos

Movimiento cristiano heterodoxo agnóstico que surgió en Bulgaria en el siglo IX y se extendió a los Balcanes, especialmente a Bosnia y Herzegovina, en el siglo XII. Al contrario de lo que pasó con los cátaros, los bogomilos fueron combatidos por la Iglesia católica y desaparecieron durante el período otomano.

Café

Se puede decir que el café bosnio es la bebida nacional y toda una institución social. Se toma a cualquier hora del día y en todas las ocasiones. El café tradicional es el *bosanska kafa*. Es similar a lo que se llama en otros lugares café turco y se sirve en una pequeña taza de cobre acompañado de terrones de azúcar, *rahat lokum* (delicias turcas) y un vaso de agua.

Ćevapi

Uno de los platos nacionales que se come en todas partes y a todas horas. Se compone de rollitos de carne picada de ternera y cordero (los *ćévapi*) condimentados, que se sirven con cebolla cruda, todo ello dentro de un pan redondo, el *somun*. Se suele acompañar con un vaso de *kajmak*, una especie de leche agria.

Cirílico

El alfabeto serbio ortodoxo se utiliza oficialmente en toda la parte serbia de Bosnia, la Republika Srpska, que representa el 49 % del territorio. De hecho, el alfabeto latino está cada vez más extendido, como en Serbia.

Francisco Fernando

En 1914, el asesinato del archiduque Francisco Fernando, heredero del trono del Imperio austrohúngaro, y de su esposa por un nacionalista serbio en Sarajevo precipitó en Europa la que sería la Primera Guerra Mundial.

Guerra

El conflicto de 1992-1995 causó la muerte de aproximadamente cien mil personas y provocó el desplazamiento

Cévapi.

de dos millones de habitantes (la mitad de la población). Los Acuerdos de Dayton pusieron el fin a los combates, pero provocaron la parálisis del país. Desde entonces, cada comunidad vive replegada sobre sí misma. La mayoría de los edificios destruidos han sido reconstruidos, pero la reconciliación todavía no es real, aunque reine la paz.

Islam

El islam es la religión mayoritaria en el país. Siguiendo la tradición del islam turco, marcado por el sufismo, aquí es más bien moderado, aunque una pequeña parte de la población musulmana (bosníacos) se radicalizó después de la guerra. Pero hay al menos tantos fanáticos del lado de los ortodoxos (bosnoserbios) como en el de los católicos (bosniocroatas). En general, la religión es más un asunto de tradición que de creencia.

Juegos Olímpicos

Sarajevo acogió los XIV Juegos Olímpicos de Invierno en 1984. Una década después, todo el mundo pudo ver las infraestructuras olímpicas destruidas o tristemente utilizadas para otros propósitos durante el asedio a la ciudad. La mayoría de las instalaciones han sido renovadas.

Nacionalismo

Muy palpable, especialmente debido a la inercia política, la crisis económica y la naturaleza difusa de la nación «Bosnia y Herzegovina». Por lo tanto, no te sorprendas de ver ondear banderas croatas en Herzegovina o banderas serbias en el este.

PINCELADAS SOBRE BOSNIA Y HERZEGOVINA

Geografía

Bosnia y Herzegovina es un país pequeño de 51 129 kilómetros cuadrados; es decir, diez veces menos que España, con la forma de un triángulo isósceles cuyos dos lados del ángulo recto miden trescientos kilómetros, forma que se encuentra en la bandera del país. Encerrado en el corazón de los Balcanes, Bosnia y Herzagovina limita al norte y oeste con Croacia, al este con Serbia y al sur con Montenegro. Sin embargo, el país tiene un acceso al mar Adriático, de unos veinte kilómetros, en Neum.

Clima

Hay mucho contraste entre el clima de Bosnia y el de Herzegovina.

▶ **Bosnia.** Clima semicontinental y de montaña, con inviernos bastante largos y muy fríos, especialmente en las zonas de mayor altitud. El país cuenta con tres estaciones de esquí. En la llanura, los inviernos son frescos y los veranos calurosos, aunque más cortos. Esto se traduce en contrastes estacionales significativos. Las dos estaciones intermedias son cortas, especialmente el otoño.

Cataratas de Kravica.

▶ **Sarajevo.** En la intersección entre el clima semicontinental y el de montaña, el verano es muy caluroso, debido en parte al asentamiento de la ciudad en un profundo valle (puede llegar a los 38 °C) y el invierno muy frío (hasta -15 °C) y muy largo. Todo sin grandes precipitaciones, pero con mucha nieve.

▶ **Herzegovina.** El clima es mediterráneo. Se caracteriza por veranos muy calurosos e inviernos suaves, pero mucho más lluviosos. En Móstar, en el valle del Neretva, el verano es muy seco y extremadamente caluroso (hasta 45 °C) y el invierno suave (raramente por debajo de 0 °C). La pluviometría que se registra resulta paradójica, ya que Herzegovina es la región donde más llueve.

Medioambiente

Como en el resto de los Balcanes, desgraciadamente es un tema secundario, aunque crucial. Dos fenómenos ayudan a que la gente no tome conciencia real del problema: el legado productivista del período socialista y la guerra de 1992-1995 y sus consecuencias. Es obvio que desde esta guerra las prioridades se centran más en lo económico que en el medioambiente. Sin embargo, la escasa industrialización de la mayor parte del territorio hace que el país todavía tenga paisajes muy cuidados.

La principal preocupación medioambiental está relacionada con la gestión de los recursos hídricos, una cuestión que provoca tensiones políticas entre las tres comunidades. Y desde hace algunos años, los jóvenes bosnios se movilizan ante la inacción del gobierno, sobre todo en cuestiones como la contaminación atmosférica y el tratamiento de los residuos industriales. Sarajevo tiene el triste honor de ser la capital más contaminada de Europa.

Flora y fauna

▶ **Fauna.** Bosnia y Herzegovina posee una fauna rica y sorprendente. En la década de 1970, se protegieron varias especies —avaladas por organismos internacionales—, principalmente aves. El país cuenta con las mismas especies comunes que hay en muchos otros países europeos, pero también con muchas otras que están en vías de extinción en Europa occidental o que han desaparecido hace ya mucho tiempo. La fauna es abundante y actualmente no se encuentra en peligro de extinción, con raras excepciones como el muflón. La riqueza de la fauna es más representativa en Bosnia Central.

▶ **Flora.** El paisaje cambia menos que la fauna. Los bosques están conformados por árboles de hoja caduca, principalmente hayas y robles en las llanuras y valles bajos, además de arces, tilos y fresnos. A veces se encuentran tejos y álamos. Alrededor de los 1700 metros, las coníferas toman el relevo, con pinos y abetos. Las plantas endémicas son sensiblemente parecidas a las del resto de Europa, especialmente las resistentes al frío. Las flores tienen algunos representantes magníficos como el iris bosnio, la rosa alpina y otras flores de montaña. Lo que no veremos aquí es el edelweiss, ya que las altitudes no son lo bastante elevadas. El bosque, que es el rasgo más característico de Bosnia, está en peligro. Sobre todo debido a su explotación. Los riesgos de desaparición, el gran problema de Europa, son estratégicos.

DESCUBRE

HISTORIA

Período romano: del siglo I a. C. al siglo VI d. C.

El siglo I a. C. fue el de la integración de la región en el Imperio romano y el de su completa romanización. Aunque la capital del Imperio se instaló en Split (Croacia), Bosnia proporcionó varios emperadores y vio florecer la cultura y civilización romanas, sobre todo en cuanto a infraestructuras. Todavía quedan numerosos vestigios visibles, por ejemplo en Ilidža, cerca de Sarajevo. En 295, el Imperio romano se dividió en Imperio Romano de Occidente e Imperio Romano de Oriente. En el oeste, lo que era Iliria y, en el norte, Panonia (la llanura húngara, desde un punto de vista geográfico) pasaron a formar parte del Imperio de Occidente. Esta zona estaba poblada entonces por los ostrogodos. El Imperio de Oriente ya estaba dominado por los bizantinos, en el este. El emperador Diocleciano, establecido en Split, fue el autor de este sistema de dos imperios con dos césares gobernando bajo su autoridad. En el 314 tuvo lugar otro cambio importante, iniciado por el emperador Constantino, quien decidió que la capital del Imperio, aún unificado, fuera Constantinopla, en el emplazamiento griego de la ciudad de Bizancio. Durante un siglo, este curioso sistema hizo que la capital del Imperio fuera alternativamente Roma y Bizancio. En el 395, la separación irreversible entre los dos imperios convirtió a Bosnia en un país dividido entre dos imperios e influencias, en las fronteras de uno y otro.

La llegada de los eslavos: del siglo VI al X

Desde el siglo VI hasta aproximadamente el año 800, los eslavos procedentes del norte, principalmente de lo que hoy es Ucrania y Rusia, llegaron a los Balcanes y poblaron toda la región. Esta región, denominada Slavinia, puede considerarse el antepasado de Yugoslavia. Entonces se perfilaron una civilización y una población que se convirtió al cristianismo, pero bajo la doble influencia de Roma y Bizancio. Los futuros eslovenos y croatas se convirtieron en católicos romanos y adoptaron el alfabeto latino; mientras que en el este, los futuros serbios se adhirieron a la ortodoxia oriental y crearon el alfabeto cirílico. Se estaba gestando la historia que culminó en la guerra de 1992-1995.

Durante estos seis siglos, del 395 al 1054, la Iglesia Católica Romana intentó imponerse a las Iglesias bizantinas. En varias ocasiones, fueron los bizantinos quienes lideraron la reconquista, especialmente Justiniano, quien, en el 535, sometió a todo el país a la autoridad de Constantinopla. Todos estos intentos fracasaron definitivamente en 1054 con lo que se conoce como el «gran cisma».

La edad de oro de los reyes de Bosnia: del siglo X al XV

Los reyes de Bosnia afianzaron su poder a pesar de algunas dominaciones, como

Stećci de la necrópolis medieval de Radimlja, en Stolac.

la del primer reino búlgaro a finales del siglo X y una breve ocupación del rey húngaro Ladislao I en 1091, seguida de otra dominación bizantina entre 1159 y 1180. Poder, las más de las veces, bajo la tutela de los reyes de Hungría, que dominaban Croacia. Uno de los primeros y más conocidos reyes fue Kulin Ban (*ban* significa «rey»). Gracias a él, se reconoció la independencia del país en 1130. Las fronteras de Bosnia adquirieron su contorno actual con, entre otras cosas, la devolución por parte del rey de Serbia, Esteban Nemanjić, de la futura Herzegovina, que se había anexionado en 1180. Kulin Ban reinó en un país pacificado hasta 1204.

El ban Esteban II Kotromanic (1322-1353) continuó esta labor, aún bajo la tutela húngara, y unificó el territorio extendiendo la autoridad húngara hasta la provincia de Hum (Herzegovina), restituida durante el reinado de Kulin. Su sobrino y sucesor, Tvrtko I (1353-1391), amplió aún más el banato o reino y, en 1377, fue coronado rey de Serbia y Bosnia. A su muerte, en 1391, el reino de Bosnia estaba en su máximo apogeo y se extendía hasta las islas dálmatas, que incluían Korčula y Hrvar. En 1435, la provincia de Hum, que había sido conquistada en 1180 y luego devuelta por el rey serbio Nemanjić, se convirtió en ducado independiente por voluntad de Stephen Vukić, un noble bosnio. Tomó el nombre de Herzegovina, que significa «ducado independiente» (*herceg* o «ducado»). Durante todo este periodo, concretamente entre los siglos XI y XII, apareció en Bosnia una secta cristiana de origen búlgaro, los bogomilos. Esta creencia fue adoptada rápidamente por los diversos principados bosnios, que vieron en ella un medio de luchar contra las influencias romana y bizantina.

El periodo otomano: del siglo XV a finales del XIX

A continuación, y durante mucho tiempo, los otomanos representaron el período más importante de la historia del país. Sus incursiones en los Balcanes comenzaron en 1371. Sin embargo, es la batalla de Kosovo Polje —una de tantas—, en 1389, la que pasó a la historia. Ese día se enfrentaron los ejércitos del rey serbio Lazar, apoyado por otros príncipes de los Balcanes, y los del sultán otomano Murat. Si bien el resultado de la batalla es incierto, esta marcó el inicio de una conquista implacable por parte de los otomanos, que ya había comenzado varios años antes. Este avance sobre Europa solo se detendría frente a Viena en 1683, con Solimán el Magnífico. En 1463, cuando el ejército otomano tomó el castillo de Babovac y puso fin a la dinastía de los Kotromanic, ya habían conquistado prácticamente toda Bosnia y Herzegovina. Las pocas regiones que faltaban tardaron más en caer, con Bihać resistiendo hasta 1592.

Los otomanos introdujeron inmediatamente profundos cambios en la sociedad civil y en la administración, y aunque la conversión al islam no era obligatoria, los conversos disfrutaban de más ventajas, como poseer propiedades, votar u ocupar cargos oficiales. Aparte de los jenízaros (parte de los prisioneros de guerra o niños *arrebatados* a sus familias y criados en Anatolia para formar el cuerpo del ejército del sultán), hasta finales del siglo XVI no hubo conversiones forzosas reales. Así, los católicos, ortodoxos y judíos pudieron seguir existiendo como tales, aunque tuvieron que esperar al declive del imperio para construir o reconstruir nuevos templos.

Bosnia y Herzegovina prosperó bajo los otomanos. Ciudades como Sarajevo o Móstar crecieron considerablemente, y la aportación arquitectónica fue inmensa. Se estableció un sistema de propiedad de la tierra. Se crearon distritos militares y administrativos, los *sandjaks*. En 1580, toda la región, incluida Serbia, pasó a estar bajo la administración de un *pashadom,* que reconocía cierta forma de autonomía al país.

En 1699, con la firma del tratado de Karlowitz, que supuso el inicio del declive del Imperio otomano, Bosnia se convirtió en la provincia más occidental del imperio. Sin embargo, no cesaron los peligros. El príncipe Eugenio de Saboya, del Imperio austrohúngaro, ya había puesto sus ojos en Bosnia. En la década de 1690 invadió buena parte del país, obligando al sultán a abandonar la capital, Sarajevo, en 1699, y fijar su residencia en Travnik, que también estaba entre los objetivos del príncipe. Sin embargo, el siglo XVIII y, sobre todo, el XIX, marcan el inicio del fin del imperio otomano, cuyos cimientos se ven socavados por los continuos reveses y revueltas. La primera gran revuelta campesina tuvo lugar en 1831. La nobleza, hasta entonces protegida, sintió amenazados sus privilegios, mientras que los campesinos, agobiados por las cargas, se organizaban. En 1875, Herzegovina, hambrienta, se sublevó. Y la revuelta se extendió rápidamente al resto de Bosnia, hecho que fue aprovechado por los serbios y montenegrinos, sus vecinos, apoyados por los rusos, para declarar la guerra a los otomanos. Esta revuelta duró tres años. La Revolución Francesa había calado y el concepto de Estado-nación ganaba terreno en los Balcanes. Derrotados, los otomanos no tuvieron más remedio que negociar, debilitados por las guerras de Crimea. Los rusos aprovecharon la situación para reforzar sus posiciones en Serbia y Montenegro.

Molinos en los lagos de Pliva, cerca de Jajce.

1878: Durante este agitado periodo, Austria-Hungría, que ya había penetrado varias veces en Bosnia y llevaba mucho tiempo en Croacia, tomó el control administrativo de Bosnia y Herzegovina tras el Congreso de Berlín de julio de 1878. Este congreso no se limitaba solo a Bosnia, ni mucho menos. De hecho, con las revueltas de 1875 comenzó la gran crisis oriental, que se extendió desde Croacia hasta Rusia. En cualquier caso, Austria-Hungría administró Bosnia y extendió inmediatamente su influencia a todos los ámbitos, aun cuando el país seguía bajo la soberanía del sultán. En 1882, se instauró un gobierno civil presidido por el húngaro Kallay.

De la dominación austrohúngara a la Primera Guerra Mundial: 1878-1918

Se creó un estatus especial de *Corpus Separatum,* lo que significaba que Bosnia no pertenecía ni a Austria ni a Hungría. Aún así, se realizaron enormes inversiones en la economía, la administración y la transformación de las ciudades, con la aportación de las técnicas de la revolución industrial. Esto no impidió las reivindicaciones nacionalistas, apoyadas por potencias extranjeras hostiles a Austria-Hungría. Para protegerse, el Imperio se anexionó Bosnia y Herzegovina en 1908, lo que no suponía ningún cambio para sus habitantes, pero impedía la reclamación de esta por parte de los serbios y del Imperio otomano. En 1910, la provincia estableció su propio Parlamento, en el que estaban representados todos los pueblos que la componían. Al mismo tiempo, los intelectuales croatas desarrollaban la idea de un Estado independiente que aglutinara a todos los eslavos del sur. Esto es lo que significa precisamente «Yugoslavia». La aparición de esta idea marcará a los Balcanes en el siglo XX.

28 de junio de 1914: el príncipe heredero Francisco Fernando, caído en desgracia en la corte, se encuentra en Sarajevo. Un joven serbio, miembro de la Mano Negra, un movimiento nacionalista serbio, asesinó al archiduque. Su objetivo era volver a unir Bosnia a Serbia, a quien Austria le declaró entonces la guerra. El juego de alianzas hizo el resto: Alemania se movilizó para apoyar a Austria contra Rusia, Francia se movilizó contra Alemania, y comenzó la Primera Guerra Mundial. Los bosnios permanecieron leales a Austria, aunque algunos musulmanes sirvieron con los serbios. En Bosnia, fueron los serbobosnios quienes pagaron el precio más alto. Durante el conflicto hubo contactos entre los nacionalistas eslavos del sur y, en 1917, la Declaración de Corfú sentó las bases de un Estado que los uniría a todos.

Del reino de Yugoslavia a la Segunda Guerra Mundial: de 1918 a 1945

El 1 de diciembre de 1918, tras la desaparición del Imperio austrohúngaro, Bosnia y Herzegovina pasó a formar parte del nuevo reino independiente formado por serbios, croatas y eslovenos, cuya acta fundacional habían firmado en el exilio el gobierno serbio y los nacionalistas croatas, eslovenos y montenegrinos. El Tratado de Versalles de 1919 separó definitivamente el país del

Imperio de los Habsburgo. Pero las cosas no empezaron bien. En noviembre de 1918, los serbios que habían regresado a Bosnia comenzaron a tomar represalias contra los musulmanes. El 28 de junio de 1921, el parlamento del reino decidió, a petición de los serbios, establecer un Estado centralizado. Los croatas y los eslovenos se opusieron. Sin embargo, en 1929 el país pasó a llamarse «Reino de Yugoslavia», el reino de los eslavos del sur. Un rey serbio, Pedro I, recibió plenos poderes. La iniciativa inicial de crear un Estado multiétnico benefició a los serbios. Estos, más fuertes económicamente y más numerosos, provocaron el resentimiento de los croatas, y el periodo de entreguerras fue testigo del auge del nacionalismo en todos los bandos. Los extremistas croatas se aliaron con los fascistas italianos y alemanes y crearon una sociedad secreta llamada Ustasã. La monarquía se convirtió en dictadura. Al mismo tiempo, los musulmanes bosnios, dirigidos por Mehmed Spaho, se pusieron principalmente del lado de los croatas. En 1939 y durante la Segunda Guerra Mundial, se llegó a un acuerdo para asignar parte de Bosnia al *banland* croata. En 1941, la Ustasã croata de Ante Pavelić simplemente se anexionó Bosnia, que pasó a ser una provincia de Croacia y se dividió en dos zonas de ocupación: la zona alemana y la italiana. Estos mismos *ustashis* asesinaron después a muchos serbios en campos de exterminio. La comunidad judía no escapó a la persecución. La violencia fue tan grande que nacieron dos movimientos: los chetniks serbios y los partisanos. Los chetniks fueron reconocidos inicialmente como el gobierno yugoslavo en el exilio. Después, los aliados optaron por ayudar a los partisanos comunistas y a su líder, un tal Josip

Broz, conocido como Tito. Había nacido el mito. Durante el conflicto, el papel de los musulmanes bosnios fue complejo: una parte significativa de ellos luchó junto con la Ustasã croata, aunque la mayoría optó por aliarse con Tito y sus grupos de resistencia *multiétnicos*.

La República Federativa Socialista de Yugoslavia: de 1945 a 1992, la segunda Yugoslavia

DESCUBRE

Por iniciativa del Consejo de la Resistencia, en noviembre de 1943 nació la República Federativa Socialista de Yugoslavia. Estaba conformada por las seis repúblicas constituyentes, incluida Bosnia y Herzegovina. Tito se convirtió naturalmente en su líder. Era comunista, en línea con la URSS, aunque se distanciaría más tarde y fundaría el movimiento de países no alineados. La guerra mundial y civil entre los partisanos ustashis y chetniks y las persecuciones nazis costaron un millón de vidas. La doctrina del nuevo Estado se convirtió en «la heroica lucha del pueblo yugoslavo contra el fascismo». Los odios, rivalidades y atrocidades cometidos por ambos bandos desaparecieron de los libros de texto y de los discursos oficiales. La paz duró cuarenta y cinco años. A lo largo de este tiempo se establecieron una economía y un sistema político comunistas, más flexibles y abiertos que otros regímenes comunistas del mundo. En 1968 se reconoció la identidad bosníaca (musulmana), así como la serbobosnia y bosniocroata. En 1974 se promulgó una nueva constitución y se estableció una nueva organización política para Bosnia: con el fin de poner en igualdad de condiciones a los tres componentes de la República de Bosnia, Tito creó una presidencia tripartita en representación de los serbios, croatas y musulmanes. Cada comunidad era entonces «pueblo constituyente» de Bosnia y Herzegovina. Tito murió en 1980, y en 1985 comenzaron las tensiones en el seno de la Federación Yugoslava.

En enero de 1990, el XIV Congreso de la Liga Comunista abolió el papel dirigente del partido en Yugoslavia y permitió la celebración de elecciones multipartidistas, las primeras desde 1945. Surgieron inmediatamente multitud de partidos, muchos nacionalistas. En Bosnia, las elecciones legislativas de noviembre de 1990 vieron surgir el SDA musulmán, el SDS serbio y el HDZ croata, todos ellos nacionalistas. Ganaron los siete escaños de la presidencia colegiada y Alija Izetbegović, fundador del SDA musulmán, se convirtió en jefe del nuevo gobierno. No era un desconocido, pues había sido activista y había estado dos veces en la cárcel por sus postulados nacionalistas.

Las cosas se precipitaron en 1991. En junio, Croacia y Eslovenia abandonaron la Federación y declararon su independencia. Solo Serbia quería permanecer en la Federación Yugoslava. Ante la inminente desintegración de Yugoslavia, los serbios de Bosnia formaron regiones serbias autónomas (RAS) que las autoridades locales se negaron a reconocer. Estallaron los conflictos, y el JNA, el ejército federal, dominado numéricamente por los serbios, controló Móstar durante un tiempo. A nivel gubernamental, las negociaciones estaban estancadas. Los serbobosnios ahondaron en su oposición creando una asamblea serbia dentro de la República de Bosnia y Herzegovina y celebrando un referéndum sobre la permanencia en la Federación. La mayoría lo aprobó.

La explosión de Yugoslavia y la guerra: de 1992 a 1996

El Estado debía organizar un referéndum abierto a todos los grupos étnicos el 1 de marzo de 1992, que fue boicoteado ampliamente por los serbios. El referéndum proponía la independencia. El «sí» ganó con un 62 % de los votos. A partir de entonces, sucedió lo inevitable. Se crearon milicias y grupos paramilitares sobre las ruinas del ejército yugoslavo, el JNA.

A principios de abril de 1992, comenzaron los primeros combates esporádicos en los suburbios de Sarajevo. El 6 de abril, día en que Bosnia y

Fortaleza de Blagaj.

Herzegovina se declaraba independiente y era reconocida por la comunidad internacional, comenzó el asedio de la ciudad. La guerra de Bosnia fue terrible, con los tres componentes del conflicto destrozándose entre ellos: serbios contra musulmanes (y viceversa), musulmanes contra croatas (y viceversa), croatas contra serbios (y viceversa). Se habla de cien mil muertos y dos millones de desplazados; es decir, la mitad de la población del país. Las Naciones Unidas, la OTAN y Europa se implicaron para intentar detener el conflicto, con mayor o menor voluntad.

▶ **Finalmente, el 21 de noviembre de 1995,** los Acuerdos de Dayton, firmados en París en diciembre, pusieron fin a una guerra que había durado casi cuatro años. El país estaba completamente arruinado. Se salvaguardaron las fronteras exteriores, pero Bosnia se dividió en dos entidades con un amplio grado de autonomía. La Federación croatomusulmana ocupa el 51 % del territorio y la República Srpska (serbia) el 49 %. Cada entidad tiene su propio gobierno, ejército, policía, sistema educativo, etc. Ambas están dirigidas por una presidencia colegiada, como antes, pero con poderes singularmente reducidos. Tanto más cuanto que ambos están controlados por la OAR (Oficina del Alto Representante), organismo creado por las Naciones Unidas y encargado de la aplicación del componente civil de los Acuerdos de Dayton, y cuyo mandato no tiene fecha límite. La OAR también tiene potestad para derogar las leyes aprobadas que no le parezcan aceptables, así como para destituir a cualquier político de sus funciones.

Bosnia y Herzegovina se reconstruye: de 1996 a nuestros días

Desde 1996, el país se ha ido reconstruyendo con la ayuda de la comunidad internacional. Las tensiones se han relajado y el PIB, aunque todavía no ha recuperado su nivel de 1991, aumenta cada año. En 2002, Bosnia y Herzegovina ingresó en el Consejo de Europa, convirtiéndose en el 44.º miembro. En diciembre de 2006, el país se unió a la Asociación para la Paz de la OTAN, precursora de la plena adhesión.

El genocidio de Srebrenica sigue estando muy presente en la memoria de la gente. La detención de Radovan Karažić (líder serbobosnio) en 2008 y luego de Radko Mladić (líder militar serbobosnio) en 2011 permite construir una nueva etapa en el proceso de duelo de las familias bosnias.

En octubre de 2014, el Partido Socialdemócrata, en el poder desde 2010, se hundió. Sin embargo, el complejo sistema político garantiza que todos los partidos estarán en el poder al menos en una de las instituciones políticas del país. Desde 2016, el país es oficialmente candidato a la UE. Ese mismo año, el TPIY (Tribunal Penal Internacional para la antigua Yugoslavia) condenó al ex líder serbobosnio Radovan Karažić a cuarenta años de prisión por diversos crímenes contra la humanidad, incluida la masacre de Srebrenica. Al año siguiente, Ratko Mladić también fue condenado por el TPIY a cadena perpetua, especialmente por su papel en la masacre de Srebrenica y el asedio de Sarajevo.

POBLACIÓN

Demografía

Los bosnios son de origen eslavo desde el siglo VI; su llegada masiva desde el noreste parece proceder principalmente de Ucrania y Rusia. Muy rápidamente confrontados por el choque de influencias del Imperio romano de Occidente y de Oriente y, más tarde, del Imperio otomano, se dividen en tres pueblos:

▶ **En el este,** el Imperio bizantino marcó lo que se convertiría en Serbia desde el año 395 d. C., con la línea divisoria entre los imperios pasando al este de la actual Bosnia. Son los serbobosnios de Bosnia, que también tienen orígenes tracios, un pueblo asimilado por los eslavos en los siglos VI y VII.

▶ **En el oeste,** los croatas, católicos romanos, llevan mucho tiempo en Bosnia, son los bosniocroatas.

▶ **Por último, los bosníacos o bosnomusulmanes** (sin que esta definición implique necesariamente la pertenencia al islam) son también eslavos, en su mayoría antiguos bogomilos medievales convertidos al islam suní.

Minorías

Las minorías también habitan en Bosnia desde hace mucho tiempo. Citaremos a los judíos sefardíes procedentes de España, a los húngaros, turcos y a los gitanos. Cabe señalar que el término «bosníacos» se utilizó hasta 1878 para designar a todos los habitantes de Bosnia, sin distinción de religión, y solo más tarde se empleó para designar únicamente a los musulmanes, con el sentido de comunidad.

La guerra de los años noventa, y otras a lo largo de la historia, muestran la dificultad de cada comunidad para convivir con las demás. El último censo de población ofrece el siguiente desglose:

▶ **Bosníacos:** 52,8 %.

▶ **Serbios:** 30,7 %.

▶ **Croatas:** 14,6 %.

▶ **Otros** (incluidos los judíos, turcos y gitanos y los que se niegan a identificarse étnicamente, los yugoslavos): 1,7 %.

El lugar de cada uno

Este es el principal desafío de la Bosnia actual. La creación de dos entidades separó a las comunidades, política y administrativamente. De modo que el contacto es mucho menor y los intercambios son reducidos. Es cierto que las tensiones se han ido aplacando, pero queda mucho camino por recorrer para lograr una verdadera vida en común. Desde el punto de vista humano, Bosnia puede considerarse una federación de tres estados diferentes que se miran con cautela. El futuro reside en la mejora de las relaciones entre ellos, que ya ha comenzado.

Idiomas

La lengua, ahora designada por sus variantes bosnia, croata y serbia, se

DESCUBRE

Calle de Móstar.

conocía como serbocroata hasta la guerra. Es una lengua eslava perteneciente a la rama meridional. Deriva del eslavón, o eslavo eclesiástico, que se habló hasta el siglo XVII, al menos en su forma literaria. El serbio y el croata siempre han tenido diferencias significativas, que se redujeron en el siglo XVIII por voluntad de los intelectuales croatas —en particular del obispo Strossmaier—, que deseaban construir una nación paneslava y tomaron el bosnio como base para el acercamiento. Las tres lenguas siguen ahora el camino inverso, ya que el bosancíca, una lengua muy antigua y hablada hasta el año 1900, está impregnado de palabras de origen árabe, turco o persa. Por razones políticas, se puede considerar que estas lenguas, especialmente el croata, evolucionan muy rápidamente, sin duda las más rápidas en la actualidad. Otra peculiaridad es que los serbios utilizan tanto el alfabeto cirílico como el latino, pero mucho más el cirílico que hace

diez años. Hasta 1900 existía también la bosancíca, una escritura propia de la lengua bosnia y derivada de la antigua lengua eslava, hablada hasta la llegada de los otomanos e incluso durante su dominación. Cabe señalar que el esloveno, así como el macedonio y el búlgaro, todos de la misma rama meridional y procedentes del eslavón, son sensiblemente diferentes.

Estilo de vida

La guerra ha sacudido el país. La mitad de la población ha sido desplazada y, entre los muertos y los refugiados en el extranjero (aunque algunos ya han regresado), la estructura de edad de la población ha cambiado. Las cifras clave son, afortunadamente, estándares y comparables al resto de Europa; la tasa de natalidad, por ejemplo, es del 8,41 ‰, frente a una tasa de mortalidad del 10,26 ‰. La esperanza de vida es de 78 años.

▶ **El sistema educativo** ha sufrido mucho por la guerra. Considerado en 1990 como bueno y en la media de los países europeos, incluso en cuanto a infraestructuras, se encontraba al comienzo de una gran reforma encaminada a mejorarlo cuando se declaró la guerra. Desde entonces, si bien la tasa de niños en la escuela primaria es del 97 %, en secundaria es del 56 % y del 20 % en la universidad (incluye solo a los estudiantes a tiempo completo). Aunque se han reconstruido muchas escuelas, el sistema carece de recursos desde la primaria hasta la universidad, sobre todo para los estudios tecnológicos. A nivel pedagógico, existen diferencias de un lugar a otro y los controles y normas plantean problemas, al igual que la colaboración científica y técnica con otros países.

▶ **Un problema de organización.** La coordinación a nivel estatal representa el principal desafío. El otro gran problema está directamente relacionado con el sistema político actual. Cada entidad es autónoma en lo que respecta al sistema educativo e incluso cada cantón tiene sus propias prerrogativas. El país tiene trece primeros ministros y, por tanto, otros tantos *ministros* de educación. Este problema es especialmente sensible en la enseñanza de la historia, donde los libros de texto no son idénticos, ni mucho menos, entre la Federación y la RS.

Sin embargo, se está preparando el futuro y se están realizando intercambios. Algunas facultades han firmado acuerdos de cooperación interuniversitaria con otras facultades extranjeras. No obstante, el primer problema es encontrar un empleo al finalizar los estudios.

Parece que las diferentes religiones no interfieren en la educación, salvo en las escuelas mixtas, que deberían ser la norma, difíciles de implantar. Tener alumnos croatas, musulmanes y serbios en la misma clase sigue siendo problemático. Sin embargo, la religión no entra en la escuela.

Religión

La religión es el tema fundamental en Bosnia y Herzegovina. Son las religiones las que siempre han marcado las fracturas en la sociedad civil. Bosnia, que nunca ha sido homogénea en su historia, es uno de los pocos países del mundo que tiene tres religiones principales que cohabitan como pueden. Las sucesivas guerras siempre han tenido como eje central la religión. Los bosnios, independientemente de su confesión, son bastante practicantes, debido en parte a la necesidad de afirmar su propia identidad. En la historia de los últimos

© PAUL PRESCOTT72 - ISTOCKPHOTO

En el mercado de Sarajevo.

© DR_ARSLA – ISTOCKPHOTO

Interior de la catedral ortodoxa de Sarajevo.

cincuenta años, el comunismo intentó equiparar las religiones y dejarlas en un segundo plano. El partido comunista incluso intentó en su día reducir la práctica del islam prohibiendo el uso del velo. Fue una pérdida de tiempo, ya que la fe está profundamente arraigada en cada persona. Tanto más cuanto que la etnia se define en función de la religión.

▶ **Los croatas son católicos.** La influencia de la vecina Croacia es fuerte y el Vaticano fue durante mucho tiempo la autoridad dominante. En Herzegovina, sin embargo, los franciscanos, presentes en Bosnia desde el siglo XIII (instalados allí para luchar contra las herejías, como la bogomila) se han escindido, en particular con motivo de las peregrinaciones a Međugorje, donde las apariciones de la Virgen no son reconocidas por Roma. El lugar de la Virgen es la razón de ser de la peregrinación.

▶ **Los serbios son ortodoxos.** Próximos a la ortodoxia de Constantinopla y apoyados por la Iglesia Ortodoxa Serbia, autocéfala. Muy practicantes también, han construido desde siempre numerosos monasterios.

▶ **Los bosníacos son musulmanes.** Sunitas, adoptaron el islam de los otomanos a su llegada a Bosnia. Al principio eran esencialmente cristianos bogomilos. Aunque se han vuelto bastante religiosos y practicantes desde la guerra, su islam es un islam europeo, que no puede compararse con el de Oriente Medio. Su práctica no es rigurosa y nunca han respaldado el uso del velo. Sí se cumple con la prohibición de consumir carne de cerdo y con el ramadán. Practican la doctrina sufí.

▶ **Los judíos.** Aunque mucho menos numerosos, siempre han practicado su rito y han tratado de preservar su cultura. Prueba de ello son las sinagogas que aún existen, a pesar de la presencia nazi durante la Segunda Guerra Mundial.

ARTE Y CULTURA

Bosnia y Herzegovina es una tierra rica en arte y cultura. Su capital, Sarajevo, era también la capital intelectual y artística de los Balcanes. La historia del país ha estado influenciada por las grandes civilizaciones que aquí se han sucedido. Las conquistas romanas, bárbaras, bizantinas, húngaras, otomanas y austrohúngaras han influido en su espíritu creativo y han despertado todo tipo de vocaciones artísticas. Los tesoros arquitectónicos y artísticos del pasado son innumerables, y ese mismo pasado derivó en un importante florecimiento intelectual y artístico en las ciudades. La diversidad de religiones, en particular, ha engendrado los primeros textos y pinturas vinculados a las iglesias ortodoxas y católicas, mezquitas y sinagogas. Una inmersión en el corazón de un mundo de influencias cruzadas.

La mezquita Gazi Husrevbegova de Sarajevo.

Arquitectura

El pasado ha aportado toda la riqueza de la arquitectura otomana, que ha dejado en Bosnia importantes monumentos diseñados por sus mejores arquitectos. Las mezquitas, por supuesto, pero también puentes de fama mundial. El puente de Móstar, el monumento más bello de la arquitectura otomana, pero también el puente de Višegrad, elogiado por Ivo Andrić, los baños o las *turbe*, monumentos funerarios. Los austrohúngaros contribuyeron después con un estilo que hicieron evolucionar en las ciudades para fundirse con el universo otomano. Así, utilizaron ampliamente el estilo pseudomorisco en edificios importantes, como la biblioteca de Sarajevo. La renovación de la arquitectura bosnia se debe a jóvenes arquitectos que dejan volar su imaginación para construir edificios originales, reprimidos durante mucho tiempo por el estilo comunista. La ciudad de Dobrinja, en Sarajevo, edificada para los Juegos Olímpicos de 1984, es el mejor ejemplo de ello.

Artesanía

La artesanía de Bosnia y Herzegovina se remonta principalmente a la época otomana. La actividad principal es el trabajo del cobre, especialmente la producción de juegos de café completos y bandejas ricamente decoradas. El estaño también se empleaba en algunos de estos juegos de café. Para el café, todavía se fabrican y a veces se utilizan

© MICHAEL PASCHOS – SHUTTERSTOCK.COM

DESCUBRE

Tiendas de artesanía en Sarajevo.

molinillos manuales. La madera y la carpintería también siguen presentes. El casco antiguo de Baščaršija, en Sarajevo, es el lugar más bello de Bosnia, con sus innumerables puestos dedicados enteramente a esta artesanía, elaborada en las trastiendas. Más recientemente, ha aparecido un nuevo tipo de artesanía, mezcla de ingenio y necesidad, con la recuperación, transformación y desvío para otros fines de municiones y proyectiles de la última guerra.

Cine

El cine bosnio y herzegovino se descubrió con Danis Tanović, que ganó el Oscar a la mejor película de habla no inglesa (2002) por *En tierra de nadie,* una fábula satírica sobre la guerra y su irracionalidad. Desde entonces, el séptimo arte, que depende más que ningún otro arte del dinero disponible, intenta arreglárselas con los medios a su alcance.

La Academia de Cine de Sarajevo es un semillero de talentos, como lo demuestra el premio que la Academia Europea de Cine otorgó a Ahmed Imamović por su cortometraje *10 minutos,* realizado como parte de su graduación en 2002. El Festival de Cine de Sarajevo, hermoso y magníficamente organizado, ha demostrado la vitalidad de la que gozan los cortometrajes, motivo de orgullo para una buena parte de los directores de los Balcanes, y de Bosnia en particular.

▸ **En los años noventa,** la guerra es a menudo el tema de las películas, aunque no siempre. De estos años podemos citar a Aleksandar Jeuđević (*Moj Brat Aleksa*, 1991), Nenad Dizdarević (*Magareće Godine*, 1994), Faruk Sokolović (*El túnel*, 2000), Jasmila Žbanić (*Nazad-naprijed*, 2002) y, sobre todo, a Ademir Kenović, que realizó *El círculo perfecto* (1996), una crónica del asedio de Sarajevo, así como *Ovo Malo Duse* (1990) y *Kuduz* (1989).

▸ **El futuro,** gracias al éxito mundial de *En tierra de nadie,* de Tanović, seguido de *Sarajevo, mi amor,* de Jasmila Žbanić, en 2006, se presenta más alentador. El Estado ha decidido relanzar los fondos para el cine, y también están llegando ayudas del extranjero. En 2017, el primer largometraje del director bosnio

Alen Drljević, *Muškarci ne plaču* (*Los hombres no lloran*), fue un éxito: antiguos enemigos de guerra, los protagonistas buscan superar sus traumas para lograr la reconciliación. También cabe destacar *Muerte en Sarajevo*, de Danis Tanović, estrenada en 2016 y, más recientemente, en 2020, *Quo vadis, Aida?* (*La voz de Aida*), de la directora Jasmila Žbanić, quien ya había dirigido en 2013 la película *Las mujeres de Višegrad*, que arrojaba luz sobre la masacre de 1992.

▶ **El cine español** no se ha quedado atrás en películas sobre la guerra de Bosnia. Sirvan como ejemplo *Un día perfecto*, de Fernando León de Aranoa, *Guerreros*, de Daniel Colpasoro, *Territorio comanche*, de Gerardo Herrero (basada en el libro de Arturo Pérez-Reverte) o *Volver a nacer*, de Sergio Castellitto.

Literatura

La literatura y la poesía de Bosnia y Herzegovina son de gran calidad y, sin embargo, desconocidas fuera de sus fronteras, aparte de Ivo Andrić, que recibió el Premio Nobel de Literatura en 1961 por su novela *El puente sobre el Drina*, y quizás también Meša Selimović, con sus novelas *El derviche y la muerte* y *La fortaleza*. Miljenko Jergović, que nació en 1966 en Sarajevo, es otro de los escritores bosnios más influyentes del siglo XXI. Su obra *El jardinero de Sarajevo* es una recopilación de cuentos que aborda la guerra desde una perspectiva multiétnica y conmovedora.

La literatura bosnia tiene un rico pasado otomano, con poetas turcos que ensalzaron el país desde fecha temprana. Por ello, no es de extrañar que muchas de las principales novelas se refieran a este periodo. La cultura literaria no era una palabra vacía en Bosnia, aunque solo concerniera a una parte de la población. Ciudades como Sarajevo o Móstar estaban repletas de sociedades literarias. La biblioteca de Sarajevo, antes de su incendio, contenía 1,5 millones de libros, de los cuales 155 000 eran raros.

Música

La música folclórica tradicional tiene muchas influencias. En Bosnia Central, el modo de vida, con fuerte influencia turca, pone ritmo a los grandes acontecimientos. Las mujeres cantan sin acompañamiento, mientras que los hombres se acompañan del saz (mandolina oriental). Se cantan *sevdalinka* (canciones de amor). En el campo, se canta a varias voces. El canto serbio, polifónico, es una de las grandes corrientes de la música tradicional bosnia. Se puede comparar con el canto búlgaro o la polifonía corsa, aunque difiere de estos en su función social.

Entre los instrumentos se encuentran el pífano, la flauta doble, el *diple* (una especie de gaita), el *zurle* y, según la región, la *šargija* y la *tambura* (oriental). Estos instrumentos son los más comunes entre los musulmanes. Aunque el principal, común a casi toda la región de los Balcanes, es la guzla, un instrumento de cuerda con un sonido muy melancólico. Los instrumentos que se emplean en la música serbia son domésticos. Flautas y clarinetes, a veces acompañados de tambores y acordeones, componen las pequeñas orquestas populares desde la Primera Guerra Mundial. Algunos de estos instrumentos, como la *tambura*, proceden de la herencia otomana. Las bandas de música procedentes de las ciudades invadieron luego las zonas rurales y se hicieron muy populares.

La contribución de los gitanos bosnios a este extraordinario mosaico fueron los instrumentos de cuerda. Y hay que añadir también los cantos sufíes de Sarajevo. También se sigue cantando la *sevdalinka*, la canción de amor pasional bosnia.

Esta variedad y riqueza de la música popular podría desaparecer, y este es uno de los retos a los que se enfrentan Bosnia y los Balcanes en general. Para encontrar los sonidos y una especie de síntesis, la música de Goran Bregović es ideal. El más famoso de los músicos bosnios, desde sus colaboraciones con Kusturica, para el que compuso las melodías de sus películas, ha trascendido y sintetizado todas estas influencias para crear una música refinada e incluso delicada. Escuchando a Bregović te harás una idea cabal del patrimonio musical de Bosnia.

La música actual también está muy presente en Bosnia. En ella están representadas todas las tendencias del mundo, y los jóvenes, que no olvidan la herencia tradicional, reinventan la música electrónica, viva por naturaleza, con el techno y sus múltiples tendencias. Numerosos grupos de aficionados trabajan duro en las ciudades, aunque la perspectiva de grabar un disco sea ilusoria.

Por último, el jazz ha dado algunos grandes nombres, como Bojan Z.

Pintura y artes gráficas

La pintura es una de las artes más antiguas de Bosnia, ya que las primeras pinturas están vinculadas a iglesias ortodoxas y católicas, mezquitas y sinagogas. Los inicios de la pintura son reproducciones en madera de iconos religiosos. Mucho más tarde, Bosnia, aunque aislada, recibió la influencia de todas las corrientes europeas y desarrolló su propia identidad. Hoy en día, son las artes gráficas las que están a la vanguardia del movimiento pictórico, y la pintura moderna se exporta. Si eres un entusiasta de la pintura, no te puedes perder la Galería Nacional de Sarajevo, que presenta, en exposición permanente, tres siglos de pintura en Bosnia, y la Galería Nacional de Arte de la República Srpska en Banja Luka.

Mezquita Koski Mehmed Pasha.

FIESTAS

Febrero

■ EL INVIERNO DE SARAJEVO

Maršala Tita, 9
Barrio de Titova, Sarajevo
☎ +387 62 03 15 94
www.facebook.com/sarajevowinter2021
Este festival (Sarajevska Zima) se celebró por primera vez en 1984-1985, a raíz de los Juegos Olímpicos de Invierno de Sarajevo, y continuó durante el sitio de la ciudad entre 1992 y 1996. El programa es tan ecléctico como siempre, con la promesa de un acto al día durante los tres meses de invierno: conciertos, lecturas, visitas guiadas, películas, conferencias, etc. Desde sus orígenes, el festival está organizado por la asociación sarajevense Međunarodni Centar za Mir (Centro Internacional por la Paz), en colaboración con los museos de la ciudad.

Julio

■ CORRIDA DE GRMEČ

Popovića brdo
Oštra Luka
Estas corridas de toros (Grmečka Korida/Грмечка Корида) se celebran desde 1772 en el macizo de Grmeč, cerca de Sanski Most. Desde la última guerra, se han trasladado al nuevo municipio vecino de Oštra Luka, en la República Srpska. El acontecimiento, que atraía a unos 200 000 espectadores en la década de 1970, ha vuelto a ponerse de moda con otras corridas que ahora también se celebran en verano en las regiones de Sarajevo, Bijeljina y Posušje. El término «corrida de toros» no es apropiado: los toros luchan entre sí y rara vez resultan heridos.

■ MARCHA POR LA PAZ (MARŠ MIRA – МАРШ МИРА)

SREBRENICA (СРЕБРЕНИЦА)
☎ +387 66 21 31 16
Cada año desde 2005, la asociación Marš Mira (Marcha por la Paz) organiza una marcha de 80 km tras las huellas de los 14 000 hombres que, en julio de 1995, intentaron huir de Srebrenica para unirse a las líneas del ejército de Bosnia y Herzegovina en Nezuk. Varios miles de personas participan en este evento, que sale de Nezuk el 8 de julio para terminar el 10 de julio en el Memorial del genocidio de Srebrenica, en Potočari, pasando por Snagovo, Liplje, Kamenica, el puente de Glodi, el monte Udric, Cerska y Pobudje. Esta marcha por la paz se organizó por primera vez en Ginebra en el año 2000, y después en 2004 por supervivientes exiliados en Suiza.

■ OLIMPIADA DE DEPORTES ANTIGUOS

Rastovača
Posušje
Esta fiesta popular (Olimpijada Starih Športova) se creó en 1995 en el pueblo de Rastovača, cerca de Posušje. Durante el día, se celebran antiguas pruebas deportivas: tira y afloja, lanzamiento de piedras, pulsos, salto de longitud,

carreras de caballos y corridas de toros similares a las de Grmeč. Finalmente, por la noche, a partir de las ocho de la tarde, comienzan los conciertos de *ganga,* cantos polifónicos típicos de los pueblos católicos de ambos lados de la frontera.

Agosto

■ **FESTIVAL DE CINE DE SARAJEVO (SARAJEVO FILM FESTIVAL)**
Zelenih beretki, 12
Barrio de Ferhadija, Sarajevo
✆ +387 33 22 15 16
www.sff.ba
De todas las celebraciones organizadas en el país, este fue el acontecimiento más famoso y con mayor repercusión, que atraía a estrellas y actores del mundo entero. Durante una semana, la capital vive exclusivamente para este evento: los hoteles están llenos, la ciudad no duerme y todo el mundo intenta disfrutar del evento.

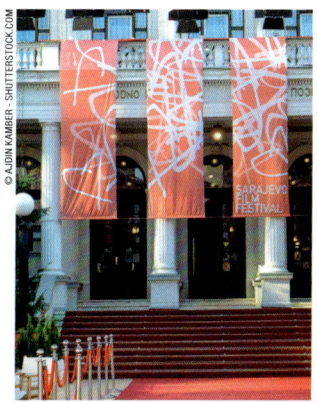

Festival de Cine en Sarajevo.

El Festival de Cine de Sarajevo se creó el 5 de octubre de 1995, durante el asedio de la ciudad. Cuando la sede aún no había sido terminada (se levantó en febrero de 1996), 15 000 habitantes se apresuraron a ver la selección de 37 películas procedentes de quince países. Al año siguiente, el acontecimiento adquirió un aura internacional. La ciudad mártir atrajo a artistas internacionales y los organizadores rivalizaron con Cannes entregando el premio a la mejor película, el Corazón de Sarajevo, a *Breaking the Waves,* del director danés Lars von Trier. Pero tras la edición de 2001, que premió la película bosnia *No Man's Land,* el festival comenzó a perder poco a poco su prestigio, convirtiéndose simplemente en un evento de carácter regional.

Noviembre

■ **FESTIVAL DE JAZZ DE SARAJEVO**
La Benevolencija, 2
Barrio de Titova
Sarajevo
✆ +387 33 550 480
jazzfest.ba
Este festival (Jazz Fest Sarajevo), fundado en 1997 y apoyado actualmente por la cadena de televisión francesa Mezzo, es uno de los principales acontecimientos internacionales del jazz y la música improvisada. Todos los grandes nombres de la actualidad han tocado aquí, desde Avishai Cohen a Ibrahim Maalouf, de Bugge Wesseltoft a Dhafer Joussef. A lo largo de una semana, unos sesenta artistas ofrecen trescientos conciertos, principalmente en el Teatro Nacional, o al lado, en el Teatro de la Juventud (Pozorište Mladih).

COCINA LOCAL

A pesar de las apariencias, la cocina bosnoherzegovina es una cocina ligera. De hecho, se caracteriza por platos cocinados a menudo en agua, y de salsas elaboradas directamente con el agua de las verduras que los acompañan. La mayoría de las veces se componen de verduras como espinacas, tomates, calabacines, judías, coles, zanahorias, pimientos (pimentón) y cebollas. Abundan las frutas y los productos lácteos: ciruelas, manzanas, fresas, leche fermentada, crema de leche, etc. Las especias, aunque Oriente no está lejos, se utilizan poco. La única que podremos encontrar son los chiles. Por supuesto, los musulmanes no comen carne de cerdo.

Productos y especialidades

▶ **Platos característicos.** Son los que se comen con gusto fuera: el *ćevapi*, una especie de albóndigas de carne picada de ternera y cordero en un pan redondo, el *somun*, elaborado con trigo. Se sirve todo con cebolla cruda picada y se acompaña de crema de leche. La *pita* es una masa que se denomina de diferentes maneras según lo que se le ponga en ella: *burek*, con carne picada y cebolla; la *zeljanica*, espinacas y queso, o la *krompiruša*, con patatas y cebollas. *La sirnica* es una pita elaborada con requesón. El *sitni ćevap* consiste en cuadrados de carne cocidos en caldo con cebollas y zanahorias, y es ligeramente picante.

▶ **En casa.** Encontrarás fácilmente *sarma*, carne de ternera con arroz servido en una hoja de parra o de col. También se cuece en caldo. El *sogan dolma* es una cebolla rellena de carne picada, acompañada de arroz y vinagre de manzana. El *bosanski lonac* es una especie de estofado de carne con verduras, cocido a fuego lento y servido en un recipiente hondo de cerámica. El *klepe* es un ravioli de carne picada. El *punjene paprike* es un pimiento relleno de carne picada acompañado de arroz, y el *priloga* un pastel de carne, mientras que el *bosanski* es un plato tradicional de verduras con carne. El *bamlja* es un plato cocinado a fuego lento con garbanzos, carne de ternera, verduras y crema fresca (una especie de cocido). También encontramos el *gulaš* y, por último, algunos aperitivos como los *uštipci*, una especie de buñuelos, el *kifla* y *pereci*, cruasanes calientes ligeramente salados. Sin olvidar, por supuesto, los peces de los ricos ríos bosnios. Las truchas y carpas se encuentran fácilmente en la mayoría de los restaurantes y se venden al peso.

▶ **La cocina serbia.** A veces es diferente pero fundamentalmente con las mismas bases. Los nombres cambian, como con el *serbian pot*, carne de ternera cocida a fuego lento en su propio jugo con pimientos. La *muškalica* es un guiso de trozos de ternera con pimientos, pimienta y tomate. Encontramos también sopas como la *ćorba*, una sopa de verduras con pollo o cordero y crema fresca, y ensaladas como la *salata*, que se sirve

Sogan dolmasi.

prácticamente en todas las comidas. Se compone de coles, cebollas y tomates. La *pećena* es una ensalada de pimientos. También podemos mencionar, entre los musulmanes, el *sudžuk*, una salchicha de ternera muy sabrosa, y el *suho meso*, carne de ternera ahumada.

Bebidas

Las bebidas son escasas. En cuanto a las alcohólicas, destacan el *Vlahov*, elaborado con flores y con una graduación de 38°, y la loza o rakia, la bebida alcohólica nacional, preparada a base de frutas; además de la cerveza y los vinos. Bosnia no es un país de vino. En la mesa suele haber cremas lácteas, parecidas a la leche.

Hábitos alimenticios

Los distintos tipos de restaurantes están representadas en particular por esos populares restaurantes donde se puede comer sin interrupción desde las nueve de la mañana hasta las once de la noche. Esto se aplica también a los restaurantes tradicionales, pizzerías y otros establecimientos de influencia extranjera. Encontrarás principalmente:

▶ *Buregdžinica.* Estos restaurantes, especializados en *pita y burek,* se encuentran en cada esquina.

▶ *Ćevabdžinica.* Igual que los anteriores, pero especializados en *ćevapi.*

▶ *Aśćinica.* Sirven cocina tradicional bosnia y son muy populares.

▶ **El resto de restaurantes son mucho más europeos.** Cabe destacar que en la Republika Srpska, los locales típicos de cocina tradicional son menos numerosos. Los precios son muy razonables (menos de 10 BAM).

DESCUBRE

© ESIN DENIZ – SHUTTERSTOCK.COM

DEPORTES Y OCIO

Fútbol

El fútbol ha primado sobre el resto de deportes en Bosnia. El campeonato nacional ha sufrido un profundo cambio desde la guerra y desde 2002, por primera vez desde el conflicto, se ha creado un campeonato que une a las dos entidades de Bosnia. De momento, y con una evidente falta de medios, el fútbol bosnio no destaca a nivel internacional, como suele hacerlo el croata, el ejemplo a seguir. Uno de los dos equipos de Sarajevo (Željeničar) participa en la Copa de la UEFA, pero cae derrotado inmediatamente. Cabe destacar que Bosnia y Herzegovina cuenta ahora con una selección nacional multiétnica que es todo un símbolo. Su principal éxito fue su clasificación para la Copa del Mundo de Brasil 2014, donde no pasó de la fase inicial, pero logró su primer triunfo ante Irán.

Pescadores en el río Vrbas, cerca de Banja Luka.

© EVRONPHOTO, SHUTTERSTOCK.COM

Baloncesto y balonmano

Los deportes de equipo, en general, son muy populares en Bosnia y Herzegovina; principalmente el baloncesto y el balonmano. Estos deportes fueron muy populares durante la época comunista y han seguido siéndolo. Algunos grandes jugadores disfrutaron de grandes carreras internacionales. Hay que tener en cuenta que sus grandes vecinos, Serbia y Croacia, están entre los mejores del mundo en este campo. De momento han conseguido participar en algunos torneos europeos en ambas disciplinas.

Juegos

El ajedrez también es muy popular. No hay más que ver los tableros de ajedrez gigantes en las plazas de Sarajevo, donde jóvenes y mayores comentan las jugadas con pasión.

El ocio en sentido estricto depende de los ingresos de cada persona, y aunque los bosnios han regresado al Adriático en verano, no hay un fenómeno significativo en la ciudad.

Pesca

La pesca es una pasión compartida por la mayoría de las personas. El país, donde existen muchas sociedades de pescadores, es un paraíso para la pesca. Además, los innumerables ríos vuelven a ser el lugar preferido de los bosnios apasionados por esta actividad.

PERSONAJES ILUSTRES

Andreja Pejić

Andreja Pejić nació en Tuzla en 1991, de padre bosniocroata y madre serbobosnia. Creció en un país devastado por la guerra hasta los ocho años, antes de trasladarse a Australia con su familia. En 2010, comenzó una carrera internacional como modelo (Jean-Paul Gaultier, *Vogue*, etc.). Nacido varón, comenzó su carrera como modelo masculino con un físico andrógino antes de convertirse en una de las primeras modelos transgénero del mundo, y aún hoy es una de las más famosas. Desde 2018, también ha protagonizado varios largometrajes, entre ellos *Millennium* (2018) y *Daliland* (2022).

Edin Džeko

Nacido en Sarajevo en 1987, Edin Džeko es un futbolista profesional e internacional bosnio. Es el delantero estrella de la selección y una auténtica estrella en su país, además del máximo goleador de la selección. Fue elegido mejor jugador bosnio tres años seguidos entre 2009 y 2011. Tras pasar por el Wolfsburgo alemán, el Manchester City —donde jugó cuatro temporadas— y luego en la AS Roma y en el Inter de Milán, su último equipo es la Fiorentina.

Emir Kusturica

Nació en Sarajevo en 1954. Gran viajero, estudió cine en Praga y luego comenzó a hacer películas, aunque a menudo fue víctima de la censura de Tito. En 1979 trabajó para la televisión en Sarajevo y realizó *Buffet Titanik*, basada en una novela corta de Ivo Andrić. Después de rodar *¿Te acuerdas de Dolly Bell?*, con la que obtuvo su primer premio internacional en Venecia (León de Plata), su salto a la fama le llegó al ganar la Palma de Oro en Cannes con *Papá está en viaje de negocios*. Le siguieron *El tiempo de los gitanos*, en 1989, *El sueño de Arizona*, en 1993, con la que obtuvo el Oso de Plata en Berlín, y posteriormente *Underground*, su película más conocida y más controvertida, con la que volvería a ganar la Palma de Oro en 1995.

A partir de esta película ambigua, juzgada por algunos como pro serbia, Kusturica dejó de gustar a los bosníacos. Tres años más tarde rodó la comedia *Gato negro, gato blanco*, León de Plata a la mejor dirección en el Festival de Venecia. Kusturica siempre ha compaginado su actividad como director de cine con la música. Suele viajar por Europa con su banda, la No Smoking Orchestra, tan delirante como sus películas.

Goran Bregović

Goran Bregović nació en 1950 de madre serbia y padre croata, y pasó su infancia en Sarajevo. Formó un grupo de rock a una edad muy temprana, con el que logró un éxito inmediato. Quince años después, con su grupo Bijelo Dugme (El botón blanco), llegó a vender seis millones de copias de sus trece álbumes. A medida que avanzaba su carrera, dio un giro

Panorámica de Sarajevo.

musical completo. Su rock está teñido de influencias balcánicas, tradicionales y gitanas. Su colaboración con Emir Kusturica, para quien compuso la música de sus películas, le dio fama mundial.

Jasmila Žbanić

Nacida en 1974 en Sarajevo, Jasmila Žbanić es una destacaba directora bosnia cuyas películas, siempre muy comprometidas, contribuyen a arrojar luz sobre la dolorosa historia de su país. El público la descubrió en 2006 con *Grbarica: el secreto de Esma* (Oso de Oro en la Berlinale) y luego con *La voz de Aida,* en 2020, que le valió una nominación a los Oscar y dos premios BAFTA, uno a la mejor directora. Entre medias, en 2013 dirigió *Las mujeres de Visegrad,* un largometraje, en parte ficción y en parte documental, sobre la masacre que tuvo lugar en esta ciudad en 1992.

Jovan Divjak

Este serbobosnio nacido en 1937 en Belgrado es un antiguo general al mando del Primer Cuerpo del Ejército de la República de Bosnia y Herzegovina durante la Guerra de Bosnia y Herzegovina. Fue acusado de crímenes de guerra por Serbia, quien le acusó de haber participado en el ataque a una columna del antiguo Ejército Yugoslavo (JNA) en 1992 en Sarajevo, en el que murieron 42 soldados yugoslavos. Jovan Divjak fue condecorado con la Legión de Honor en 2001 por «su sentido cívico, su rechazo de los prejuicios y la discriminación étnica». Murió en Sarajevo, ciudad que defendió, en agosto de 2021 a la edad de 84 años.

Abdullah Sidran

Abdullah Sidran nació en 1944 y es uno de los principales poetas de nuestro tiempo. Entre sus libros de poemas cabe mencionar *Šahbaza* (1970), La c*arne y los huesos* (1976) y *Un féretro para Sarajevo* (1993).

Además de como escritor, Abdullah Sidran es reconocido por ser el guionista de las películas *¿Te acuerdas de Dolly Bell?* y *Papá está en viaje de negocios,* de Kusturica.

VISITA

Mezquita Pintada.
© BETIBUP33 - SHUTTERSTOCK.COM

SARAJEVO

Sarajevo la bella, Sarajevo el fénix de los Balcanes. Incluso antes de llegar a ella, su nombre resuena en la cabeza de los viajeros. Lugar histórico por excelencia, la ciudad es conocida en Europa desde hace mucho tiempo por ser una de las capitales intelectuales de los Balcanes, pero también por su turbulenta y dolorosa historia.

Apodada la Jerusalén de Europa, es una pequeña capital con un encanto incomparable. Incrustada en las montañas, su casco antiguo ofrece una riqueza histórica y una tradición mestiza absolutamente únicas en Europa: durante siglos han vivido aquí musulmanes, ortodoxos, católicos y judíos, por lo que solo se puede disfrutar aquí de la experiencia de observar una mezquita, un templo ortodoxo, una iglesia y una sinagoga en una misma calle.

▶ **La guerra.** El tema es inevitable aquí. De hecho, la mayoría de los turistas viajan por ella. Para ver las huellas del terrible asedio de 1992-1996: los edificios destruidos, las torres desde las que disparaban los francotiradores, la metralla aún visible en el asfalto, etc. Pero también para ver dónde se libró la guerra. Pero también para ver dónde comenzó la otra guerra, la Grande, con el asesinato del archiduque Francisco Fernando en 1914. Simbólicamente, Sarajevo es la ciudad donde nació el siglo XX y donde terminó con la caída del comunismo europeo.

CASCO ANTIGUO

▶ **Baščaršija,** el barrio otomano, es el más antiguo de Sarajevo (siglo XV). Es el centro histórico donde se sale, se pasea por la noche y donde se localizan los monumentos más antiguos de la ciudad, incluidas las mezquitas más importantes y la Biblioteca Nacional. El barrio es casi totalmente peatonal.

▶ **Alrededor del punto central, la plaza de las Palomas (Sebij),** el casco antiguo (Stari Grad) se extiende a lo largo de aproximadamente 1,5 kilómetros de diámetro, con los barrios de Kovači y Vratnik al oeste y Bistrik en la orilla derecha del Maljacka. Estos suburbios residenciales, con aspecto de pueblo, pueden recorrerse a pie, si no te asustan las pendientes pronunciadas.

▶ **Ferhadija.** Siguiendo desde el casco antiguo, a 500 metros al este de Baščaršija, el antiguo barrio sefardí de El Cortijo fue completamente reconstruido en el siglo XIX. A ambos lados de la calle comercial Ferhadija, los callejuelas, que se dirigen hacia el río o la montaña, esconden buenos bares o restaurantes.

▶ **Maršala Tita.** En la continuación de la calle Mula Mustafe Bašeskije, a 800 metros al este de Baščaršija, la calle del Mariscal Tito da nombre a este barrio construido durante el Imperio austrohúngaro. Esta zona acoge todos los edificios oficiales, además de cines, bares y discotecas. Al norte del

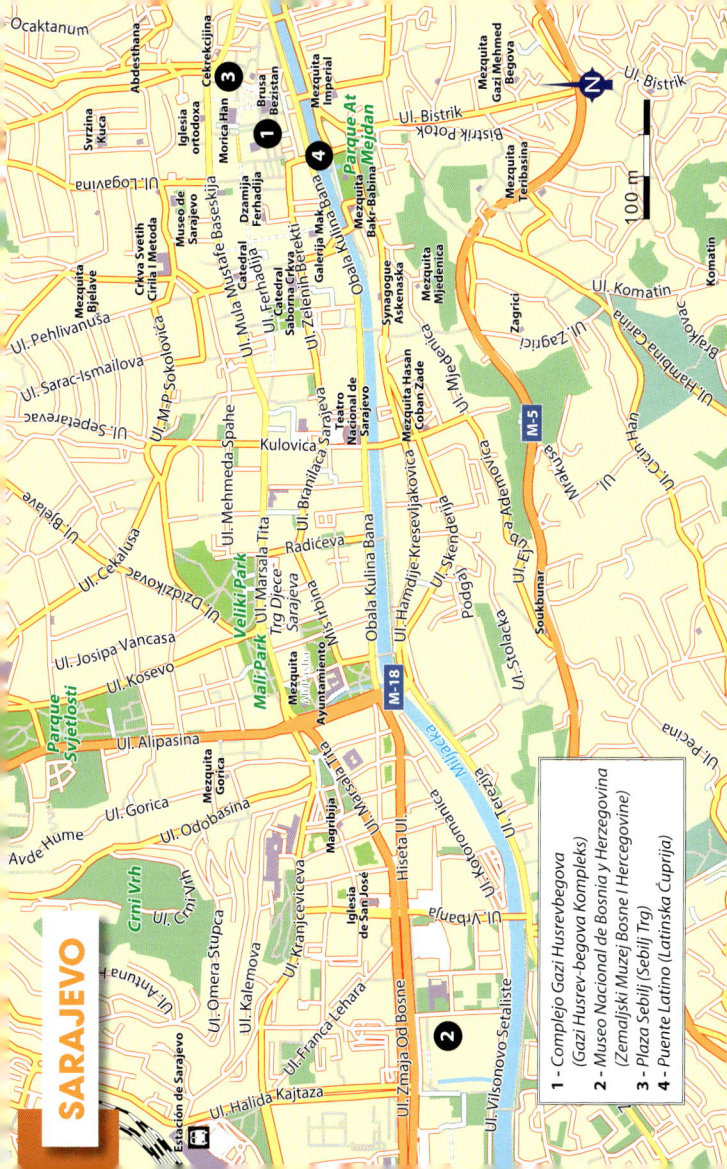

barrio se observa el complejo olímpico construido para los Juegos de 1984. Al sur, en la orilla izquierda del Maljacka, se encuentra el centro comercial Skenderija y el antiguo cementerio judío.

■ ARS AEVI ★★

Obala Kulina Bana
Barrio de Baščaršija
✆ +387 33 52 98 20
www.arsaevi.org

En el Vijećnica, a lo largo de la orilla derecha del Miljacka, 230 m al sureste de la plaza Sebilj.

Alojado en el Vijećnica desde 2019, este museo de arte contemporáneo fue creado en 1992 por artistas bosnios como «acto de resistencia» a la guerra. Su nombre («arte del tiempo» en latín) es un anagrama parcial de «Sarajevo». Gracias a donaciones, cuenta con obras de grandes artistas como Pablo Picasso, Jeff Koons, Michelangelo Pistoletto, Joseph Beuys, Daniel Buren y Anish Kapoor, pero desde 2012 espera un edificio diseñado por Renzo Piano, quien incluso aceptó trabajar gratis en el mismo.

■ BRUSA BEZISTÁN ★★

Abadžiluk, 10, barrio de Baščaršija
✆ +387 33 23 95 90
muzejsarajeva.ba

Al suroeste de la plaza Sebilj.

Este gran edificio cubierto por seis cúpulas y rodeado de tenderetes (Brusa Bezistan) se construyó en 1551 para los mercaderes de Bursa (150 km al sur de Estambul) que venían aquí a vender seda de China. Dañado durante la última guerra, desde su restauración en 2008 alberga un pequeño y rico anexo del museo de Sarajevo consagrado a la historia de la ciudad,

desde la cultura Butmir (Neolítico) hasta el periodo austrohúngaro. Se exponen objetos celtas de la Edad de Bronce y la primera representación del lirio bosnio como símbolo heráldico.

■ MEZQUITA GAZI HÜSREV-BEY ★★

Sarači, 8, barrio de Baščaršija
✆ +387 33 53 21 44
www.begovadzamija.ba

A 100 m al oeste de la plaza Sebilj por la calle Sarači. Hay otra entrada en la esquina con la calle Čizmedžiluk.

Construida en 1530-1531, esta mezquita (Gazi Husrev-Begova Džamija) es el centro de la comunidad suní de Bosnia y Herzegovina. Dé las tres mezquitas otomanas más importantes del país, junto con las de Foča y Banja Luka, es la única que no fue destruida completamente durante la guerra. Su construcción se debe al segundo fundador de Sarajevo, Gazi Hüsrev Bey, gobernador de Bosnia de 1522 a 1544. Gran señor de la guerra, amplió las fronteras del Imperio otomano hacia el norte y el oeste a expensas de los Habsburgo y los venecianos. Como gran constructor, levantó un vasto complejo alrededor de la mezquita, que incluía un imaret (comedor popular), una madraza, dos caravasares (Morića Han y Tašli Han), un *tekké halveti* (lugar de culto suní) y un mercado cubierto. Con más o menos reformas, todos estos edificios siguen existiendo, a excepción del Tašli Han (sus ruinas son visibles entre el *bezistan* o mercado cubierto y el hotel Europa). El diseño de la mezquita se encargó a Acem Ali, arquitecto general del Imperio otomano que supervisó la construcción del palacio Topkapı de Constantinopla. El «estilo Acem Alí», clásico otomano y

VISITA

Complejo Gazi Husrevbegova.

persa a la vez, sobre todo en el sistema de cúpulas múltiples, es único en Bosnia. La cúpula mayor mide 13 metros de diámetro y 26 de altura, mientras que el minarete tiene 45 metros.

▶ **Se eliminó la decoración y se volvió a pintar.** La mezquita sufrió grandes daños durante el asedio de 1992-1996. El proyecto de renovación, terminado en 2000, fue financiado por Siria y Arabia Saudí. Fue muy criticado, ya que las ricas decoraciones interiores originales, muy coloridas, consideradas demasiado ostentosas por los mecenas wahabitas, fueron recubiertas con pintura blanca. Poco después del año 2000, el espacio interior se pintó con motivos caligráficos y geométricos en referencia a la decoración original del siglo XVI y restituyendo un ambiente más islámico. El patio cerrado (harén) incluye un cementerio (detrás de la mezquita), una fuente de agua caliente (a la derecha de la entrada por la calle Sarači) y otra de agua fría (en el centro), y una casa de administración para la vecina torre del reloj (detrás de la mezquita), los mausoleos de Gazi Hüsrev y del general otomano Murat Bey Tardić (frente a la entrada por la calle Čizmedžiluk) y una escuela coránica, hoy reconvertida en vivienda para el almuédano (detrás de la mezquita). La entrada es gratuita para los fieles. Se puede visitar todos los días, pero en horarios específicos: de 9 a 12, de 14.30 a 16 y de 17.30 a 19 h; de octubre a marzo: de 9 a 11 h; durante el Ramadán: de 9 a 12 y de 17.30 a 19 h.

■ **HAMMAM GAZI HÜSREV-BEY – INSTITUTO BOSNIO** ★★
Mula Mustafe Bašeskije, 21
Barrio de Ferhadija
☏ +387 33 279 800
Justo detrás de la catedral católica del Sagrado Corazón.
Este antiguo hamam público, construido en la segunda mitad del siglo XVI, es el

más grande y el que mejor se conserva de los siete baños turcos de Sarajevo que datan del periodo otomano. Permaneció en funcionamiento hasta el año 1916. Posteriormente, sirvió de club de baile durante la Segunda Guerra Mundial y de mercado cubierto, a salvo de los francotiradores, durante el sitio de la ciudad. Dañado, fue restaurado y transformado en museo dedicado a la cultura bosnia en 1998. El establecimiento está compuesto por una sala de conciertos y exposiciones temporales en el antiguo hamam y un nuevo edificio que alberga la exposición permanente, el centro de investigación y la gran biblioteca del Instituto Bosnio. Este conjunto es la institución cultural más visitada de la ciudad (principalmente por el público local).

▶ **Hamam.** Está ubicado a la izquierda en el patio de entrada. Diseñado como un baño romano, incluye baños calientes, piscinas y baños secos con un complejo sistema de calefacción y canalizaciones. Está coronado por ocho cúpulas de plomo: dos grandes por encima de la fachada, dos medias en la parte central y cuatro pequeñas en el fondo. La mayoría de los baños turcos funcionaban en alternancia para hombres y mujeres. Aquí se trata de un caso bastante raro en el país de *čifte-hamam,* es decir, un hamam doble que puede acoger permanentemente a hombres y mujeres en dos zonas separadas (hay otro del mismo tipo en Blagaj). Otra particularidad: a partir del siglo XIX, se añadió una zona reservada a los no musulmanes. Servía especialmente para las abluciones rituales de los habitantes del vecino barrio judío. Vinculado a la Fundación (*vakuf*) Gazi Huervbegova en el siglo XVII, hoy se gestiona conjuntamente con la reciente fundación privada creada por Adil-beg Zulfikarpašić e integrada en el Instituto Bosnio.

▶ **Tumba.** En el patio se alza el reciente *turbe* (tumba) de Adil-beg Zulfikarpašić (1921-2008). Antiguo partisano, este político, hombre de negocios y filántropo, se opuso a Tito y se exilió en Suiza a partir de 1945, donde hizo fortuna en la construcción. Junto con su esposa Tatjana, recopiló una importante colección de documentos escritos, objetos, cartas y muebles relacionados con la cultura bosnia. A partir de esta rica colección, la pareja creó el Instituto Bosnio en Zúrich en 1988. En 1991 se abrió en Sarajevo una delegación, y posteriormente el Instituto fue transferido a la capital bosnia en 1998. Considerado como el padre del nacionalismo bosnio del siglo XX, Adil-beg Zulfikarpašić fue vicepresidente del nuevo estado cuando regresó al país en 1991. Luchó toda su vida por el reconocimiento de una cultura bosnia, junto con las culturas serbias y croatas, pero intentando hasta el final crear una nueva Yugoslavia. El fracaso de este proyecto condujo a la guerra de Bosnia y Herzegovina de 1992-1995.

▶ **Colecciones del Instituto Bosnio.** Se halla en el edificio moderno que bordea el hamam, inaugurado en 2001, tras el traslado desde Zúrich del Instituto Bosnio. En el proceso de ascenso de los nacionalismos en Yugoslavia desde los años 1980, este establecimiento privado es la única gran iniciativa para promocionar la cultura bosníaca en el país. El objetivo del Instituto es promover y preservar el patrimonio cultural, religioso y lingüístico de los pueblos de Bosnia y Herzegovina, haciendo hincapié en los bosníacos. En este sentido, a menudo es criticado por algunos serbobosnios y bosniocroatas. El Instituto alberga una impresionante biblioteca de 150 000 libros, entre ellos libros raros y manuscritos orientales, así como periódicos (diarios y revistas), fotografías, postales y documentos audiovisuales accesibles para investigadores y estudiantes. Una parte está abierta al público en general, con instrumentos de música, cofres finamente grabados, relojes franceses y, sobre todo, la colección de muebles sirios y los magníficos muebles de estilo otomano que pertenecieron al poeta Safvet beg Bašagić (1870-1934), considerado el padre del Renacimiento bosnio (su tumba se encuentra en el harén de la mezquita Gazi Husrevbegova).

También destaca la colección de arte, con más de 1500 obras de 200 artistas, entre ellas *La danza de la cabra (Kozaračko kolo)*, del gran pintor de Tuzla Ismet Mujezinović (1907-1984), y la colección etnológica (siglos XIX-XX), con soberbias joyas, muebles de madera tallada y *anterija,* túnicas largas de seda o terciopelo finamente bordadas.

■ CATEDRAL DEL SAGRADO CORAZÓN ★★

Trg Fra Grge Martića
Barrio de Ferhadija
✆ +387 33 536 917
www.bkbih.ba
300 m al oeste de la mezquita Begova, entre las calles Mula Mustafe Bašeskije y Ferhadija.

Esta catedral católica (Katedrala Srca Isusova) es uno de los símbolos de la ciudad, donde los Papas Juan Pablo II y Francisco celebraron misa tres veces, en 1997, 2003 y 2015, siempre en presencia de sarajevenses de todas las confesiones.

Consagrada en 1889 y completamente restaurada en 1997, la iglesia se caracteriza por su fachada, rematada por dos torres de 43,20 m de altura. Fue diseñada por Josip Vancaš (1859-1932), arquitecto de más de setenta iglesias en Croacia. Este, de origen croata, se inspiró

VISITA

© MEHMETO – SHUTTERSTOCK.COM

Catedral del Sagrado Corazón.

en la catedral de San Benigno de Dijon (Francia) y para las torres en la iglesia de la Virgen de Týn de Praga. El interior, ricamente decorado, fue diseñado por el pintor alemán Alexander M. Seitz (1811-1888) y realizado por sus discípulos.

El proyecto fue iniciado en 1881 por Josip Štadler (1843-1918), el primer arzobispo nombrado en Bosnia y Herzegovina después de la invasión otomana del siglo XV. Convirtió el edificio en el *corazón* del renacimiento católico en Bosnia y Herzegovina, y decidió ser enterrado allí.

La catedral es la sede de la archidiócesis de Vrhbosna, que abarca a todos los católicos romanos del país (a excepción de la parroquia de Zavalje, cerca de Bihać), así como a los de Macedonia del Norte.

▶ **Estatua de Juan Pablo II.** De tres metros de altura, se instaló en la plaza de la catedral en 2014. En 1992, Juan Pablo II fue uno de los primeros jefes de Estado en reconocer la independencia de Bosnia y Herzegovina. Además, realizó numerosos llamamientos a la paz durante el conflicto. Efectuó dos viajes oficiales al país, en 1997 y en 2003. En 1997, celebró dos misas en la capital, una en la catedral (12 de marzo) y otra en el estadio olímpico de Koševo (13 de marzo).

■ **IGLESIA DE LOS ARCÁNGELES MIGUEL Y GABRIEL** ⭐⭐

Mula Mustafe Bašeskije, 59
Barrio de Baščaršija
☏ +387 33 57 10 65
140 m al noreste de la mezquita Gazi Hüsrev Bey y 130 m al oeste de la plaza Sebilj.

Esta iglesia ortodoxa serbia (Crkva Svetih Arhanđela Mihaila i Gavrila/Црква Светих Арханђела Михаила и Гаврила) es el edificio más antiguo de la ciudad. Probablemente fundada en el siglo XIV, es mencionada por primera vez por una fuente otomana en 1539. Conocida como la Vieja Iglesia Ortodoxa (Stara Pravoslavna Crkva), ahora apenas la utiliza la pequeña comunidad serbo-bosnia de la ciudad y parece más un museo.

La visita es agradable. Detrás del muro que bordea la ruidosa calle Mula Mustafe Bašeskije, por donde pasan los tranvías, hay un patio tranquilo. A la derecha, un edificio alberga una tienda, algunas sillas donde sentarse a tomar un café y, sobre todo, una galería de iconos: los más preciados pertenecen al siglo XIII. El centro del patio lo ocupa la iglesia. Incendiada varias veces y modificada hasta 1793, recibió su campanario tras la marcha de los otomanos en 1880. A través de las puertas laterales, coronadas por frescos de los arcángeles Miguel y Gabriel, y después de unos escalones, se llega a la nave, rodeada de arcos y una galería. Contiene iconos griegos, rusos y serbios de los siglos XVI a XVIII. Pero la pieza central es el iconostasio dorado del siglo XVIII, con iconos del siglo XVII de los prolíficos pintores serbios Zograf Radul y Avesalom Vujičić. En el piso superior, la galería antes reservada a las mujeres contiene el ataúd de un niño y las reliquias de un santo desconocido.

■ **GALERÍA NACIONAL DE BOSNIA Y HERZEGOVINA** ⭐⭐

Zelenih beretki, 8, barrio de Ferhadija
☏ +387 33 26 65 51; www.ugbih.ba
A 450 m al oeste de la mezquita de Begova, junto a la catedral de la Natividad de la Madre de Dios.

Fundada en 1946, esta galería (Umjetnička Galerija Bosne i Hercegovine) es el mayor museo de arte del país. Desde 1953, se encuentra en el antiguo almacén Simon, un hermoso edificio en esquina diseñado en 1912 por el arquitecto de la catedral del Sagrado Corazón, Josip Vancaš. A pesar de la falta de presupuesto y de los robos sufridos durante la última guerra, cuenta con unas 6000 obras, principalmente pinturas, dibujos y fotografías, de los siglos XIX y XX. Algunas de ellas se exponen en doce salas repartidas en tres niveles, con la planta baja reservada a exposiciones temporales de arte contemporáneo.

Entre los artistas bosnios y yugoslavos expuestos, hay un *Autorretrato* de Kosta Hakman (1899-1961), esculturas del gran maestro croata Antun Augustinčić (1900-1979) y del artista serbobosnio Sreten Stojanović (1898-1960), y cuadros del pintor de Tuzla Ismet Mujezinović (1907-1984). La sección internacional incluye unas cincuenta piezas de artistas franceses contemporáneos que fueron donadas a la ciudad durante el sitio, entre ellas un cuadro de Balthus (1908-2011) y un grabado de Pierre Alechinsky (n. 1927). La galería también cuenta con una colección de dibujos del pintor suizo Ferdinand Hodler (1853-1918), una de las principales figuras del simbolismo. Por último, la galería cuenta con la mayor colección de iconos ortodoxos del país, con unas ochenta piezas que datan de los siglos XV al XIX, realizadas por artistas serbios, griegos y rusos.

■ **MUSEO DE SARAJEVO 1878-1918**
★★
Zelenih Beretki, 1, barrio de Baščaršija
✆ +387 33 533 288; muzejsarajeva.ba

A lo largo del río Miljacka, frente al puente Latino, 150 m al sur de la mezquita Gazi Hüsrev Bey, y 400 m al oeste de la Vijećnica.

Este museo (Muzej Sarajevo 1878-1918) es la pieza central del Museo de Sarajevo, que ocupa cinco sedes en el casco antiguo. Está dedicado al periodo austrohúngaro y, más concretamente, al asesinato del archiduque Francisco Fernando. Consta de una única sala y se levanta en el emplazamiento del almacén de alimentación austríaco Moritz Schiller Delicatessen, frente al cual tuvo lugar el atentado del 28 de junio de 1914. Inaugurado en 2014, sustituyó al Museo de la Joven Bosnia, fundado aquí en 1949 por las autoridades socialistas. Estas querían destacar ciertos aspectos positivos del acontecimiento que desencadenó la Primera Guerra Mundial, en particular el carácter multicomunitario de la organización de la Joven Bosnia, responsable del atentado.

La muestra actual es sobria y neutra: expone en ocho secciones, cronológica y temáticamente, objetos que ilustran el periodo austrohúngaro, desde la administración fiduciaria de Bosnia y Herzegovina en 1878 hasta la desintegración del Imperio en 1918. El asesinato de 1914 está ilustrado con dos planos detallados que muestran los trayectos de ida y vuelta del convoy del heredero y las posiciones de los revolucionarios; con fotos de estos últimos, en particular durante su juicio en Sarajevo en octubre de 1914; con la ropa del pistolero, Gavrilo Princip, el día del atentado, así como con armas de época (los originales están en Viena) y dos maniquíes disfrazados que representan a Francisco Fernando y Sofía saliendo de la Vijećnica unos minutos antes de morir.

■ PLAZA SEBILJ ★★★

Baščaršija, barrio de Baščaršija

200 m al oeste de la Vijećnica por la calle Telali o 150 m al norte del puente del Emperador por la calle Abadžiluk.

Esta plaza (Trg Sebilj) es de visita obligada. También conocida como plaza de las Palomas (Trg Golubova) o calle Baščaršija (su nombre oficial), ocupa la parte central del barrio más antiguo de Sarajevo. Es conocida por sus cientos de palomas y su fuente Sebilj, pero también por sus mezquitas, sus vendedores de pasteles orientales y de *ćevapčići* y, por supuesto, por sus turistas. Se extiende a lo largo de cien metros entre la mezquita de Baščaršija, al sur, y la calle Mula Mustafe Bašeskije, al norte, a donde llegan y de donde parten las líneas 1, 2, 3 y 5 de tranvía. Mide solo unos pocos metros de ancho y da a las concurridas calles peatonales de Saraći, al oeste, y Kazandžiluk, al este. Alrededor de la plaza aún se pueden observar casas bosníacas y otomanas construidas en madera y piedra. La Oficina de Turismo se halla cerca (calle Saraći, 58). En las calles adyacentes, los artesanos orfebres y caldereros perpetúan antiguas tradiciones… y a veces también venden objetos importados de China y Turquía.

▶ **Fuente de Sebilj.** La fuente pública que preside la plaza por el norte toma su nombre del árabe *sebil*, que significa el «camino» por el que llegaba el agua y, por extensión, el organismo de beneficencia que la proporcionaba gratis a los habitantes. De estilo otomano, se trata de una columna octogonal de piedra asentada sobre un promontorio y protegida por una cúpula de madera. El conjunto, con forma de quiosco, se construyó gracias a una donación del

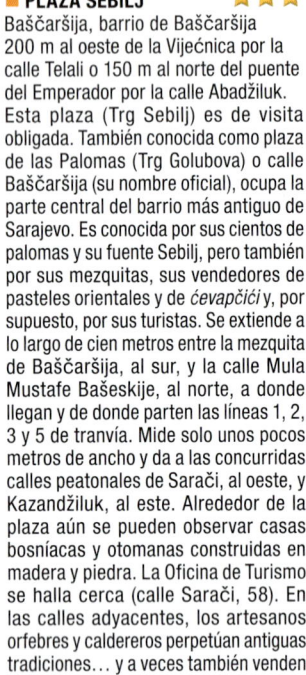

gobernador de Bosnia, Mehmed Pacha Kukavica, en 1753. El agua llegaba desde un manantial situado en el monte Trebević a través de un acueducto de 6,5 kilómetros, hoy desaparecido. El manantial fue reemplazado posteriormente por la red de agua de la ciudad. Es la única fuente de este tipo que se conserva en Sarajevo, frente a las trescientas que reportó, en 1660, el cronista y viajero otomano Evliya Çelebi al describir el barrio de Baščaršija. La mayoría desapareció tras los dos grandes incendios de 1697 y 1852. La actual fue reconstruida (probablemente por el arquitecto Josip Vancaš) e instalada en la plaza durante la remodelación de la ciudad llevada a cabo por el arquitecto checo Alexander Wittek en 1891. Dañada por la metralla en 1992, la fuente de Sebilj se renovó parcialmente en 1997 y se restauró por completo en 2006. Existen varias réplicas de la misma en todo el mundo, incluida una en Belgrado, donada por el municipio de Sarajevo en 1989. La leyenda dice que quien beba agua de la fuente de Sebilj regresará a Sarajevo.

■ PUENTE LATINO ★★★

Latinska Ćuprija, barrio de Baščaršija

A 400 m al suroeste de la Vijećnica por el muelle Kulina Bana o a 150 m al sur de la mezquita Gazi Hüsrev Bey.

Esta estructura de piedra del siglo XVIII (Latinska Ćuprija) es el más famoso de los veintiséis puentes y pasarelas de la ciudad. Frente a él, junto a lo que hoy es el Museo de Sarajevo 1878-1918, Gavrilo Princip asesinó al archiduque Francisco Fernando el 28 de junio de 1914. A la izquierda del puente, en la orilla derecha del río Miljacka, un pequeño monumento de cristal adornado con una doble columna rinde homenaje al heredero

© ISTANKOV – ISTOCKPHOTO

Calle Ferhadija de Sarajevo.

VISITA

del trono del Imperio austrohúngaro, mientras que en la pared exterior del museo hay paneles y una piedra grabada que señalan el lugar exacto del atentado que desencadenó la Primera Guerra Mundial. Todas estas instalaciones son relativamente recientes. Hasta 1992, las autoridades yugoslavas (reales, luego socialistas) tuvieron al asesino por un héroe: durante sesenta años, el puente se llamó oficialmente «puente Gavrilo Princip». Solo recuperó su nombre original durante la ocupación alemana (1941-1945), y de forma más permanente desde la declaración de independencia del país. Se llama «latino» porque daba servicio al antiguo barrio de Latinluk (alrededor del actual museo), donde vivió una comunidad católica hasta el siglo XVIII. Esta comunidad seguía el rito *latino* (romano), en lugar del rito bizantino de los ortodoxos, que eran mayoría entre los cristianos de la ciudad en aquella época.

▶ **Hacia el barrio de Bistrik.** Construido primero en madera hacia 1541, luego en piedra unos veinte años más tarde, el puente adoptó su forma actual tras su completa reconstrucción en 1798: un tablero ligeramente inclinado de 39 metros de longitud sostenido por tres pilares que forman cuatro arcos desiguales apoyados en las orillas. Las aberturas u ojos de los dos pilares principales sirven para aligerar la estructura y evacuar mejor el agua en caso de crecida. En la orilla izquierda del río Miljacka, el puente Latino conduce directamente a la plaza Austrije (barrio de Bistrik), desde donde parten los trolebuses hacia Skenderija y Dobrinja. Río arriba está el puente del Emperador (Careva Ćuprija), construido en 1792 frente a la mezquita del Emperador. Río abajo, el puente de Ćumurija se construyó en 1886 sobre una antigua estructura otomana de madera. Este puente, que conduce a la mezquita de Bakr-Baba (destruida varias veces desde el siglo XVI y reconstruida en 2011), debe su apodo de «puente del carbón» a la costumbre de los lugareños de venir aquí a arrojar las cenizas directamente al río. Por último, entre la plaza Austrije y la mezquita Bakr-Baba se encuentra el pequeño parque At Medjan y su nuevo pabellón de música (2004), réplica de un edificio austrohúngaro de 1913.

■ **VIJEĆNICA** ★★★
Obala Kulina Bana
Barrio de Baščaršija
✆ +387 33 27 54 23; www.nub.ba
A lo largo de la orilla derecha del río Miljacka, frente al puente Šeher Ćehajina, 230 m al sureste de la plaza Sebilj.
El Ayuntamiento (*vijećnica*, se pronuncia «viéchnitsa») es el edificio más famoso de

Sarajevo. Este imponente edificio de estilo morisco, de color naranja y triangular, que se eleva 27 metros sobre el río Miljacka, está cargado de historia. Concebido por el arquitecto checo Karel Pařík (1857-1942) y retomado por su colega austrocroata Alexander Wittek (1852-1894), fue construido entre 1891 y 1896 como ayuntamiento. Se convirtió pronto en palacio de justicia, y a partir de 1910 albergó el Parlamento de Bosnia y Herzegovina, institución creada tras la anexión oficial del país por Austria-Hungría en 1908. Francisco Fernando visitó el Parlamento el 28 de junio de 1914, y en él pronunció su último discurso. Pocos instantes después de la bajada de la escalinata, inmortalizada por los fotógrafos, el heredero al trono imperial y su esposa fueron asesinados por Gavrilo Princip junto al puente Latino. La Vijećnica pasó entonces a la historia como escenario de los últimos momentos de paz en una Europa que estaba a punto de sumergirse en la Primera Guerra Mundial. Convertido de nuevo en ayuntamiento, el edificio fue el principal objetivo de las tropas alemanas durante la toma de Sarajevo el 16 de abril de 1941.

▸ **Una biblioteca en llamas.** Poco después de la liberación de la ciudad, el 4 de junio de 1945, la Vijećnica se convirtió en sede de la nueva Academia de Ciencias y Artes de Bosnia y Herzegovina. Pero adquirió sus cartas de nobleza en 1956 al convertirse en sede de la biblioteca nacional y universitaria. La Vijećnica se transformó en el símbolo de la influencia cultural de Sarajevo en toda la Yugoslavia socialista. Nada más comenzar el sitio de la ciudad, el 25 de mayo de 1992, fue blanco de la artillería serbobosnia, que la acribilló con veinti-cinco proyectiles incendiarios. El tejado se derrumbó entre las llamas, llevándose consigo más de un millón de libros. Las imágenes de la Vijećnica volvieron a conmover al mundo entero, en particular la del «violonchelista de Sarajevo», Vedran Smailović, que vino a tocar solo aquí entre los escombros el 12 de septiembre de 1992. Tras la guerra, se puso en marcha un proyecto internacional de reconstrucción. Finalizado en 2014, el resultado fue decepcionante. Aunque los artistas e intelectuales querían convertirlo en un lugar de recuerdo, la Vijećnica es ahora un edificio administrativo municipal. Sin embargo, aún se puede visitar la sala de recepción de invitados distinguidos, un espacio expositivo en el sótano que recuerda su historia y parte de la rica colección del museo Ars Aevi.

CIUDAD NUEVA

▸ **Novo Sarajevo:** este barrio de torres situado a cuatro kilómetros al noroeste de Baščaršija fue construido durante la época comunista. Cerca de allí, a lo largo de la Sniper Alley (o avenida de los Francotiradores) y del río Maljacka, se encuentran los antiguos barrios serbios de Hrasno y Grbavica. Toda esta zona, bastante agradable para vivir, alberga algunos buenos restaurantes, el Museo Nacional y la Universidad.

▸ **Dobrinja:** con este barrio situado a ocho kilómetros al sureste de Baščaršija, la ciudad comienza a expandirse y a cubrirse de espacios verdes. Situado junto al aeropuerto, Dobrinja está conectado con el centro de la ciudad por la avenida Safeta Hadžića (al sur del río Maljacka) y por la Sniper Alley (avenidas Samja od Bosne y Meše Selimovića). Al sur del aeropuerto, en el barrio de Butmir, está el túnel de la Esperanza, el único punto de paso durante el asedio de 1992-1995.

■ MUSEO NACIONAL DE BOSNIA Y HERZEGOVINA ★★★

Zmaja od Bosne, 3
Barrio de Marijin Dvor
✆ +387 33 66 80 27
www.zemaljskimuzej.ba
A lo largo de la avenida principal de la ciudad nueva, a 2,3 km al oeste de Baščaršija, frente a la parada de tranvía de Muzeji.
Este museo (Zemaljski Muzej Bosne i Hercegovine) es el mayor del país. Con una superficie de 14 500 m², alberga la famosa *Hagadá de Sarajevo*. Concebido en 1850 por los otomanos, se creó finalmente en 1888, diez años después de que el Imperio austrohúngaro se hiciera con el control del país. En 1913, el edificio fue ampliado y transformado en estilo renacentista por el arquitecto checo Karel Pařík (1857-1942), autor también de la Vijećnica, la sinagoga de Sarajevo y la Academia de Bellas Artes. Creado con el objetivo de elevar el nivel de educación de la población bosnia, el museo se fue dotando progresivamente de departamentos de historia natural, arqueología, etnología y una biblioteca. Su papel destacado en la promoción del conocimiento de la cultura del país se reafirmó durante el periodo socialista, con el desarrollo de sus colecciones, la organización de coloquios y numerosas publicaciones. Durante el sitio de la ciudad, su director fue asesinado mientras evacuaba parte de las colecciones, algunas piezas se perdieron o resultaron dañadas y el propio edificio sufrió daños considerables. Aún así, la mayoría de las colecciones pudieron ponerse a salvo.

El museo se reabrió gradualmente después de la guerra con el apoyo de varias instituciones, como la Unesco, el Museo Nacional de Zúrich y la Asociación de Museos Suizos. Pero la institución tuvo problemas para mantenerse ante la negativa de los representantes políticos de las comunidades bosniocroata y serbobosnia a aprobar los presupuestos de cultura nacional. Como consecuencia, el museo estuvo completamente cerrado entre 2012 y 2015 por no poder pagar a su personal. Aunque ahora la situación parece estar mejor, algunas salas siguen cerradas o pendientes de renovación.

▶ **Jardines y stećci.** En el espacio verde situado frente a la entrada del museo, se exponen diez stećci de libre acceso. Estas lápidas medievales bosnias proceden, en algunos casos, de las veintidós necrópolis del país clasificadas como Patrimonio de la Humanidad por la Unesco desde 2016. Pero las más impresionantes se encuentran en el patio del museo, acondicionado como jardín botánico desde 1913. Es un lugar muy agradable, con 1700 especies raras, típicas o endémicas de todas las regiones de Bosnia y Herzegovina, un pequeño lago, tortugas y 22 stećci. Entre estos últimos se encuentra el stećak (singular de «stećci») más antiguo de los Balcanes: el del conde serbio Grdeša de Trebinje, vencedor de la batalla de Tara contra los bizantinos en 1150. El stećak más macizo y famoso procede de la necrópolis de Zgošća, cerca de Kakanj. Se trata de un cofre a dos aguas de 14 toneladas ricamente decorado que podría haber sido esculpido para servir de sepultura al ban bosnio Esteban II de Bosnia (Stjepan II Kotromanić – 1322-1353), aunque se cree que fue enterrado en los alrededores de Visoko. En el patio también se alza un moderno cubo de piedra inspirado en los stećci. Se trata del monumento en homenaje al personal del museo fallecido durante la guerra de 1992-1995.

▶ **Sección de antigüedades.** Es la primera sección del pabellón de arqueología, a la entrada del museo. En ella se exponen principalmente objetos grecorromanos de los siglos I al VI: estelas y bajorrelieves, capiteles y arcadas, monedas y mosaicos procedentes de las lujosas villas de Ilidža, Bileća y Stolac, en particular el del Minotauro (siglo III), representado en su laberinto cretense. También destaca la *Mano de Sabacio*, una pequeña escultura de bronce del siglo IV procedente de la región minera de Srebrenica, que atestigua el culto a esta deidad del noreste de Grecia en el este de Bosnia. Algunas piezas, como el bello ritón ático con forma de sátiro agazapado (siglo IV a. C.), no fueron descubiertas en Bosnia, sino donadas al museo por las autoridades austrohúngaras con fines pedagógicos.

▶ **Sección prehistórica.** Situada en el ala izquierda del pabellón de arqueología, esta sección permaneció cerrada entre 1992 y 2020. La galería está dominada por una piragua de 12,5 metros de largo suspendida en el aire. Tallada en un tronco de roble, esta embarcación de la Edad de Hierro es la mayor de su tipo en los Balcanes. Procede de Donja Dolina, a orillas del río Save, en la frontera norte con Croacia. A su alrededor, en dos niveles, las vitrinas exhiben una rica colección de objetos que abarcan desde el Paleolítico hasta los inicios de la Antigüedad: sílex y herramientas de asta de reno, reconstrucciones de

viviendas y talleres, cascos y armas de las tribus ilirias y panonias, y mucho más. Las piezas más importantes son las cerámicas y figurillas de la cultura de Butmir (5100-4500 a. C.). Descubiertas por primera vez en el barrio de Butmir, en Ilidža, cerca del aeropuerto, proceden principalmente de la región de Visoko. La cerámica está decorada con motivos similares a los de la cultura minoica, mientras que las figurillas tienen rasgos mucho más realistas que las de otras culturas europeas de la misma época.

▶ **Sección medieval.** Se encuentra en la planta superior, en el ala derecha del pabellón arqueológico. Se presenta la vida de Bosnia y Herzegovina entre los siglo VI y XV en tres salas: joyas, cruces talladas y objetos litúrgicos de los bogomilos (movimiento cristiano herético de los Balcanes), escudos de armas de los bans y reyes de Bosnia, monedas bosnias, bizantinas y venecianas, los primeros textos de los siglos X-XII escritos en bosančica (el alfabeto cirílico local), espadas y armas de fuego del siglo XV, fragmentos del yacente de la tumba de Stjepan Tomaš (penúltimo rey de Bosnia, muerto en 1461 en Bobovac, dos años antes de la invasión otomana), etc. Con la nueva sección dedicada a la Prehistoria, esta parte del museo ofrece una presentación más cuidada, con numerosas explicaciones traducidas al inglés.

▶ *Hagadá de Sarajevo.* El objeto más preciado del museo, un manuscrito judío español del siglo XIV, se expone en una sala segura y climatizada de la sección medieval, financiada en 2020 por la embajada de Francia. Lamentablemente, debido a la falta de personal, esta sala solo abre dos horas a la semana (y una hora el primer sábado de cada mes).

Sin embargo, las ricas ilustraciones de este hagadá, o conjunto de ilustraciones, pueden contemplarse en una pantalla que muestra todas las páginas escaneadas a la entrada. El libro en sí está colocado bajo una gruesa capa de cristal en el centro de la sala.

En las vitrinas adyacentes se exponen otros objetos de gran valor, como fragmentos del brocado bordado con finos hilos de plata dorada del señor Batić Mirković, cuya tumba del siglo XV se descubrió en 2015 en la necrópolis de Kopošići, cerca de Visoko.

▶ **Pabellón de etnología.** Accesible a través del jardín botánico (a la izquierda al salir del pabellón de arqueología), es la parte más antigua del museo, pero la muestra es bastante interesante, con la reconstrucción de interiores de la época otomana: hermosas alfombras bosnias, turcas y árabes, muebles con incrustaciones, techos de madera finamente tallados, coloridos trajes, joyas, etc.

▶ **Pabellón de ciencias naturales.** Situado al fondo del jardín botánico (frente al pabellón de arqueología), esta parte del museo evoca los gabinetes de curiosidades del siglo XIX. Aunque ha sido renovado, conserva su presentación encantadoramente anticuada heredada de la época austrohúngara. Sin embargo, hay una sección moderna dedicada al mundo acuático. Aquí destaca el impresionante esqueleto de un zifio calderón boreal de nueve metros de longitud. Este pequeño zifio del Atlántico Norte apareció varado en la isla griega de Tinos en 1893. Por lo demás, la mayor parte de las colecciones de botánica, geología y zoología están agrupadas en dos encantadoras galerías: fósiles, rocas, minerales, grandes series de mariposas, insectos y cuernos de cérvidos, animales disecados, etc.

▶ **La biblioteca.** El edificio situado a la derecha del patio al salir del pabellón de arqueología alberga tanto los servicios administrativos como la biblioteca del museo. La biblioteca reúne 300 000 libros y publicaciones. Está abierta a los universitarios y curiosos, previa solicitud (biblioteka@zemaljskimuzej.ba).

Museo Nacional de Sarajevo.

■ ANTIGUO CEMENTERIO JUDÍO DE KOVAČIĆI ★★★

Gabrielle Moreno Locatelli, 11
Barrio de Kovačići

A 1,5 km al suroeste del centro Skenderija. En uso entre 1630 y 1966, este cementerio judío (Staro Jevrejsko Groblje u Kovačićima) es el más grande de Europa después del de Praga. Desde 2018, figura en la lista indicativa del Patrimonio Mundial de la Unesco. Su carácter excepcional procede de sus 3850 tumbas sefardíes de formas variadas y cercanas a tres tradiciones distintas: enterramientos tradicionales españoles, lápidas inspiradas en las stećci bosnias y otras en las estelas otomanas. El yacimiento se extiende a lo largo de tres hectáreas en la ladera de una colina, con amplias zonas en mal estado y tumbas dañadas por los artilleros del ejército serbobosnio apostados aquí durante el sitio de 1992-1996. Incluye una capilla construida en 1924, un osario asquenazí creado cuando se cerró otro cementerio en 1962, una gueniza (lugar donde se entierran los libros dañados) utilizada a partir de 1916 y cuatro monumentos conmemorativos del Holocausto: uno para las víctimas sefardíes, dos para las asquenazíes y otro para las de los crímenes cometidos por los ustachis croatas.

▶ **Hebreo y ladino.** Las tumbas «a la española» (losas horizontales o en forma de sarcófago) recuerdan los orígenes de los sefardíes de Sarajevo, expulsados de la península Ibérica en 1492 y asentados aquí a partir de 1550. Estas piedras suelen estar grabadas con símbolos (un árbol talado, un reloj de arena, una calavera, etc.). Las tumbas de estilo bosnio adoptan la forma de cofres monolíticos de numerosos stećci de las necrópolis medievales del país. En cuanto a las tumbas posteriores de estilo otomano, presentan una parte superior a veces redondeada o estriada, que evoca el turbante que adorna a los *nişans* en los cementerios musulmanes. Esta variedad de enterramientos atestigua la persistencia de tradiciones importadas o, por el contrario, una asimilación de las culturas locales. Los epitafios también incluyen inscripciones en hebreo, ladino (lengua sefardí similar al español) e incluso turco otomano (caracteres árabes) para un difunto de Constantinopla, la capital otomana. Pero también se nota la influencia de la cultura asquenazí de Europa Central: a partir del siglo XIX, la mayoría de los epitafios se escribieron en hebreo, aunque se seguía hablando ladino. Para tu información, desde 1966, la pequeña comunidad judía de la ciudad dispone de una parcela en el gran cementerio municipal de Bare (calle Jukićeva, 1,5 km al noroeste del complejo olímpico de Koševo).

Antiguo cementerio judío.

© RPBAIAO – SHUTTERSTOCK.COM

REGIÓN DE SARAJEVO

Tan pronto como se sale de Sarajevo, la región es claramente rural. Hay numerosos pueblos de montaña de tamaño modesto y un hábitat muy diseminado. Las aldeas, de tradición campesina, se han orientado hacia la ganadería y la pequeña agricultura. Es una de las regiones más bellas de Bosnia y Herzegovina, que cuenta con varios atractivos turísticos: estaciones de esquí, algunas heredadas de los Juegos Olímpicos de 1984, valles encajonados en los que practicar rafting y, por supuesto, preciosos pueblecitos de montaña.

Habitada desde los tiempos más remotos, se trata de la antigua Vrhbosna (nombre medieval de una pequeña región en la actual Bosnia y Herzegovina central), un nombre que representa bien su geografía montañosa. Se encuentra en la parte sur de Bosnia Central. Por lo tanto, está relativamente aislada, lo que no ha impedido su desarrollo a lo largo de los siglos gracias a su excepcional situación, encrucijada de las rutas del Adriático y aquellas que van hacia el norte y este a través de algunos valles importantes.

ILIDŽA

▶ **Ubicación** – Ilidža/Илиџа (pronunciado «ilid-tcha») tiene una población de unos 75 000 habitantes, de los cuales el 87 % son bosníacos. La ciudad forma parte del cantón de Sarajevo, dentro de la Federación de Bosnia y Herzegovina. Se encuentra a 10 km al suroeste del centro de Sarajevo.

▶ **Descripción** – Este agradable barrio de Sarajevo, adosado al monte Igman, ofrece una sorprendente condensación de la historia de la ciudad. Aquí se descubrieron los restos más importantes de la cultura de Butmir, una sociedad neolítica que prosperó en la región entre los años 5100 y 4500 a. C. Aquí pasó el archiduque Francisco Fernando su última noche antes de ser asesinado ante el puente Latino el 28 de junio de 1914. En el primer siglo de nuestra era, los romanos crearon un centro termal y administrativo alrededor del nacimiento del río Bosna (Vrelo Bosne). Si se hace caso a la inscripción que aparece, a medias, en la piedra descubierta aquí, «Aquae S», la ciudad se denominaba entonces *Aquae Sulphurae* (aguas sulfurosas). El lugar se convirtió más tarde en Ilidža, bautizado así por los otomanos a partir de la raíz turca *ilajj*, que significa «salud». Los otomanos desarrollaron la ciudad, crearon baños y dos carreteras importantes para las que se construyeron dos puentes, incluido el puente romano (1530) que, por lo tanto, de romano solo tiene el nombre. La alta sociedad de Sarajevo se construyó aquí sus residencias de verano. El período austrohúngaro acentuó su transformación en lugar de vacaciones, con la creación de un gran parque y mansiones. Situada en primera línea de fuego durante el asedio de 1992-1996, a Ilidža le falta ahora su parte oriental, Istočna Ilidža (15 000 habitantes), que pertenece a la República Srpska. Desde 2015, atrae a una población árabe adinerada procedente de los estados del Golfo, lo que le ha valido el apodo de «Koweit City».

■ GRAN AVENIDA (VELIKA ALEJA) ⭐

Velika Aleja, distrito de Lužani
800 m al sur de la terminal de tranvías, en la orilla izquierda del río Željeznica.

Esta gran alameda (Velika Aleja) es el paseo más majestuoso del país. Peatonal y rodeada por unos tres mil plátanos y castaños, se extiende a lo largo de 3,5 kilómetros y une la zona termal de Ilidža con los manantiales del Bosna. Creado por los austrohúngaros entre 1888 y 1892, el sendero transcurre inicialmente por una serie de elegantes villas y restaurantes, antes de internarse en un entorno más salvaje durante dos kilómetros. Perfecto para hacer *footing* al aire libre por la mañana, es un popular destino de fin de semana para los sarajevenses, que lo recorren a pie, en coche de caballos o en *rosalie* (coche a pedales).

■ TÚNEL DE LA ESPERANZA ⭐

Tuneli ,1, distrito de Butmir
✆ +387 33 77 86 72
tunelspasa.ba
A 3 km al sureste de la terminal de tranvías, en la calle Butmirska-Cesta, entre la pista del aeropuerto y la base de Eufor.

Numerosas personas de Sarajevo deben su vida a este «túnel de la Esperanza» (Tunel Spasa). Excavado durante las primeras semanas del sitio de 1992-1996, este estrecho túnel fue el único

Túnel de la Esperanza.

enlace con el resto del país durante más de tres años. Discurre bajo la pista del aeropuerto, entre los distritos de Dobrinja (Sarajevo) y Butmir (Ilidža) y tiene 800 metros de longitud y menos de 1,5 metros de altura (menos de 1 metro en el lado de Dobrinja). Actualmente no se encuentra en buen estado de conservación y, por razones de seguridad, solo de puede visitar una pequeña sección de veinte metros de longitud. Pero es suficiente para apreciar las difíciles condiciones en que se construyó: a pico y pala, con lámparas de aceite como única fuente de luz. Mientras que el puente aéreo instalado por la ONU permitía transportar una gran parte de los alimentos y medicinas que necesitaba la población sitiada, el túnel se utilizaba principalmente para evacuar a los civiles e introducir productos de contrabando (cigarrillos, alcohol, etc.), así como armas y municiones, en teoría prohibidas por la ONU. Equipado con raíles y vagones a partir de 1994, el túnel también se utilizaría para pasar cables eléctricos y telefónicos, así como una tubería de combustible. Las entradas estaban situadas en el garaje de un edificio en el lado de Dobrinja y en la casa de la familia Kolar en Butmir. En esta última, acribillada por impactos de bala, se encuentra el pequeño museo que repasa la historia del túnel.

■ CATARATAS DE SKAKAVAC ■

BUKOVIK

▶ **Ubicación** – Las cataratas de Skakavac se localizan en el municipio de Nahorevo (550 habitantes), en el cantón de Sarajevo. Se hallan a 13 kilómetros al norte del centro de la ciudad de Sarajevo.

▶ **Descripción** – Estas son las cascadas más alta del país. El pequeño río Skakavac realiza aquí un salto de 98 metros de altura, marcando el fin abrupto de una hermosa meseta dominada por el monte Bukovik (1533 metros), donde tiene su nacimiento. Debe su nombre al ruido que hace el agua al caer, que evoca el de un grillo (*skakavac*). La cascada y parte del bosque de pinos y hayas que la rodean están clasificados como Monumento Natural (1430 hectáreas). El sitio está bien acondicionado, con un mirador (*vidikovac*) en la cima del precipicio (1090 metros de altitud) que ofrece unas preciosas vistas. Abajo, una pasarela de madera permite acercarse a la cascada. El lugar es muy apreciado por los sarajevenses, que acuden aquí a hacer un pícnic en verano. En el sitio, no hay ningún local para comer.

VISOKO

▶ **Situación** – Visoko (11 000 habitantes) es la capital del municipio del mismo nombre (39 000 hab.) y forma parte del

© XBRGHX – ISTOCKPHOTO

Pueblo de Visoko.

cantón de Zenica-Doboj. La localidad está situada a 33 kilómetros al noroeste de Sarajevo y a 42 kilómetros al sudeste de Zenica.

Descripción – Aunque en la actualidad no es más que una pequeña ciudad a las afueras de Sarajevo comunicada por autopista, Visoko ocupa un lugar destacado en la historia del país. En el Neolítico fue uno de los asentamientos más importantes de Europa. Más tarde se convirtió en un bastión ilirio y en la primera capital del reino de Bosnia, donde Tvrtko I fue coronado en 1377. Enclavado en la confluencia de los ríos Bosna y Fojnička, el centro de la ciudad alberga dos interesantes pequeños museos dedicados al rico pasado de la región: el Museo del Patrimonio y el museo del monasterio franciscano de san Buenaventura. También vale la pena visitar la asombrosa mezquita blanca de Šerefudin, inspirada en gran medida en la obra de Le Corbusier. Desgraciadamente, Visoko atrae a los turistas por otro motivo. Desde 2005, la colina de Visočica (donde fue coronado Tvrtko I) es el centro de la extraña teoría de las «pirámides de Bosnia». Según su promotor, Semir Osmanagić, esta colina y otros picos de la región son en realidad pirámides creadas hace 14 000 años por una civilización desconocida... con ayuda de extraterrestres.

■ MEZQUITA BLANCA DE ŠEREFUDIN ★★
Bijela Džamija; islamskazajednica.ba
A 700 m al suroeste del puente principal. Sigue la calle principal (Museo del Patrimonio) durante 600 metros y gira a la derecha.
Esta mezquita (Šerefudinova Bijela Džamija) es una de las más vanguardistas

de la Europa del siglo XX. Se construyó en 1980 en el emplazamiento de una mezquita de madera en ruinas levantada en 1477 por un arquitecto otomano llamado Šerefudin. El complejo de muros blancos y tejados de plomo verde tiene una superficie total de 435 m². Comprende la mezquita propiamente dicha (169 m²), con capacidad para trescientos fieles, un patio con un chadirvan cónico (fuente de abluciones), un pequeño cementerio antiguo y edificios anexos. El conjunto está dominado por un minarete principal, de 26 metros de altura, decorado con varillas metálicas pintadas de verde, cuyas formas evocan el arte tradicional local. Destacan especialmente los tejados, que presentan altas aberturas en forma de cuarto de círculo que rompen las líneas y permiten que la luz natural penetre en las estancias interiores. Esto beneficia a la gran sala de oración, situada bajo el nivel del suelo. Es magnífica, con sus paredes totalmente blancas. Solo dos elementos son de madera: una escalera y el mihrab (nicho que indica la dirección de La Meca). Galardonada con el prestigioso premio Aga Khan de arquitectura en 1983, la mezquita Blanca de Visoko fue diseñada por Zlatko Ugljen, nacido en Móstar en 1929. Suyas son la antigua villa Gorica, residencia favorita de Tito, en Bugojno, el monasterio franciscano de Tuzla y, en Visoko, el edificio de Correos (junto al río Fojnička, en la orilla izquierda) y el antiguo Hotel Visoko (junto al río Bosna, en la orilla izquierda).

BIJAMBARE

Ubicación – El área protegida de Bijambare/Бијамбаре (pronunciado «billanbaré») se encuentra en la localidad

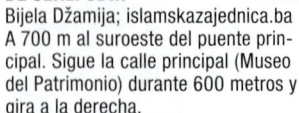

de Krivajevići (30 habitantes), que forma parte del municipio de Ilijaš y del cantón de Sarajevo. Bijambare está a 33 km al suroeste de Kladanj y a 43 km al norte de Sarajevo (por la M-18 en dirección a Tuzla).

▶ **Descripción** – La gran cueva de Bijambare es uno de los principales atractivos de los alrededores de Sarajevo. En realidad, se trata de una zona mucho más amplia que está protegida desde 1965. La zona protegida de Bijambare está formada por una serie de ocho cuevas (incluida la «cueva del medio», que es la más grande y la única abierta a los visitantes), un bosque, ríos y manantiales situados a una altitud de 950 metros en la meseta de Nišići. Está equipada con senderos, una cafetería-restaurante y zonas de pícnic y de juegos para niños. También se puede ver la necrópolis medieval de Mramorje, cuyos treinta y nueve *stećci* fueron trasladados aquí durante la construcción de la autopista Sarajevo-Tuzla en 2013.

VISITA

■ MONTE TREBEVIĆ Y JAHORINA ■

MONTE TREBEVIĆ (ТРЕБЕВИЋ)

▶ **Ubicación** – El monte Trebević/Требевић) es un macizo montañoso situado entre los municipios de Sarajevo (Federación de Bosnia y Herzegovina) y de Istočno Sarajevo (República Srpska). Se accede desde el barrio de Bistrik por carretera (5 km) o en teleférico desde Sarajevo.

▶ **Descripción** – Antigua posición de los artilleros y francotiradores bosnoserbios durante el asedio de 1992-1995, el lugar aún muestra las consecuencias de la guerra con sus casas en ruinas y su pista de bobsleigh de los Juegos Olímpicos de 1984 abandonada. Pero el monte Trebević vuelve a ser el lugar de excursión preferido por los sarajevenses gracias al nuevo telecabina instalado en 2018 a menos de ocho minutos del barrio de Bistrik. «¡El Trebevič vuelve a la ciudad!» es el lema con el que las autoridades de Sarajevo acogieron la reapertura de este teleférico que conecta el barrio de Bistrik con esta montaña verde que culmina a 1627 metros de altura. Durante la última guerra, la mayor parte de la infraestructura del monte fue destruida: el propio teleférico, que databa de 1959, pero también parte de la infraestructura de los Juegos Olímpicos de Invierno de 1984. Desde abril de 1992 hasta febrero de 1996, la montaña fue, de hecho, una intensa zona de combate entre sus defensores y el ejército serbobosnio que bombardeó la ciudad. Desde entonces, los habitantes de Sarajevo han recuperado su montaña y ahora acuden a la estación del teleférico por la noche o los fines de semana para disfrutar de su magnífica vista. La mayoría de las minas antipersona han sido retiradas y los espesos bosques de hayas, abetos y píceas son ahora adecuados para los descensos a pie o en bicicleta de montaña, con zonas de pícnic.

JAHORINA (JAXOPИHA)

▶ **Ubicación** – El monte Jahorina/ Jaxopина se alza al sur de Pale y linda con el monte Trebević. Se localiza entre las localidades de Pale y Trnovo, dentro de los municipios de Istočno Sarajevo (República Srpska) y Trnovo, que forma parte del cantón de Sarajevo (Federación de Bosnia y Herzegovina). Hay varios pueblos y, sobre todo, la estación de esquí de Jahorina, a 18 kilómetros al sur de Pale y a 30 kilómetros al sureste del casco antiguo de Sarajevo.

▶ **Descripción** – Con sus empinadas laderas, sus 3 metros de espesor de la nieve en invierno y una altitud de 1916 metros en el monte Ogorjelica, el macizo de Jahorina fue elegido como sede de las pruebas de esquí alpino femenino en los Juegos Olímpicos de 1984. Las competiciones estuvieron marcadas por el doblete de oro y plata de Suiza en el descenso y el segundo y tercer puesto de la francesa Perrine Pelen en el eslalon y el eslalon gigante. Hoy se desciende por las pistas del mayor dominio de esquí de Bosnia y Herzegovina (y el segundo de la antigua Yugoslavia, después de Kopaonik, en Serbia) siguiendo los pasos de estas campeonas.

Con una temporada de 130 días, la estación atrae a una media de 175 000 esquiadores cada año. Una parte de las instalaciones también puede utilizarse en verano para emprender excursiones de senderismo por el bosque, donde domina el arce de los Balcanes (*Acer hyrcanum*) hasta los 1700 metros de altitud. Este árbol, llamado *jarovina* en las lenguas locales, da nombre a la montaña.

MONTAÑAS DE BJELAŠNICA E IGMAN

Los altos macizos de Bjelašnica e Igman entraron en la historia gracias a los Juegos Olímpicos de 1984, al albergar la mayoría de las competiciones al aire libre (esquí alpino, esquí de fondo, salto, combinada nórdica…). También quedaron marcados por la guerra de 1992-1995, cuando se convirtieron en el principal paso fronterizo para las tropas bosníacas que intentaban romper el cerco de Sarajevo. Estos dos macizos vecinos, silvestres, albergan una fauna y una flora especialmente ricas. Además, se pueden encontrar algunos pueblos, —como Lukomir, el más alto y aislado del país—, poblados por habitantes bosníacos seminómadas. Al sur, el macizo del Bjelašnica está delimitado por el magnífico cañón del Rakitnica, de 32 kilómetros, tras el cual se abre el valle hasta Móstar (120 km al sur).

MONTE IGMAN

Ubicación – El monte Igman/Игман ocupa la parte suroeste del área metropolitana de Sarajevo y forma parte del municipio de Ilidža. Sus principales centros de actividad son las estaciones de esquí de Malo Polje y Veliko Polje. Esta última se encuentra a 24 kilómetros al sur de Ilidža y a 28 al suroeste del casco antiguo de Sarajevo (vía Krupac/Крупац).

Conexión en autobús: Veliko Polje está conectada con Sarajevo una vez al día durante la temporada de esquí: salida desde la Vijećnica a las 8.30 horas y regreso desde la estación de Bjelašnica a las 16 horas.

▶ **Descripción** – El pequeño macizo de Igman solo alcanza los 1502 metros de altitud en Crni Vrh («pico Negro»), pero forma un ecosistema poco común: junto con las montañas vecinas de Bjelašnica y Treskavica, posee una biodiversidad muy rica. Los investigadores descubren regularmente nuevas especies de plantas que han sobrevivido a la era glaciar. Cabe destacar que la meseta del monte Igman registró la temperatura más baja de los Balcanes el 24 de enero de 1963: ¡-42,5 °C! Este clima les valió a las estaciones de Malo Polje y Veliko Polje («campo pequeño» y «campo grande») el derecho a acoger las pruebas de esquí de fondo, combinada nórdica y saltos de esquí durante los Juegos Olímpicos de 1984. Desgraciadamente, la montaña sigue marcada por los conflictos del siglo XX, con la terrible marcha de Igman de los partisanos que huían de las tropas nazis a 40 grados bajo cero en enero de 1942, y los combates en torno al sendero de Igman en 1992-1993 para abastecer a la sitiada Sarajevo.

BJELAŠNICA

Ubicación – El monte Bjelašnica/Бјелашница ocupa la parte meridional del monte Igman, a caballo entre los cantones de Sarajevo y Herzegovina-Neretva. Alberga la estación olímpica de Bjelašnica. Se encuentra a 5 km al sur de la estación de Veliko Polje, a 25 km al sur de Ilidža y a 28 km al suroeste del casco antiguo de Sarajevo (vía Krupac/Крупац). Conexión en autobús: la estación de Bjelašnica está conectada con Sarajevo una vez al día durante la temporada de esquí: salida de la Vijećnica a las 8.30 horas y regreso desde la estación a las 16 horas.

▶ **Descripción –** El macizo de Bjelašnica debe su nombre de «montaña blanca» al glaciar que cubre su parte norte, frente al monte Igman. Marca la *frontera* entre Bosnia y Herzegovina y está dominada por cuatro picos: Bjelašnica (2067 m), Krvavac (2061 m), Mali Vlahinja (2055 m) y Hranisava (1964 m). En la parte oriental se encuentra la estación de esquí de Babin Do, rebautizada como Estación Olímpica de Bjelašnica tras los Juegos Olímpicos de Sarajevo. Tiene la pista más pronunciada del país, la misma en la que se celebraron las pruebas masculinas de descenso en 1984. Debido a la presencia de emplazamientos militares en las cercanías, la infraestructura deportiva y hotelera fue dañada por las fuerzas serbobosnias durante la última guerra. Sin embargo, la mayoría de ellas han sido rehabilitadas y está en marcha un plan de modernización. En verano, el macizo es apto para la práctica de senderismo, especialmente para descubrir el aislado pueblo de Lukomir y el cañón del Rakitnica.

UMOLJANI

▶ **Ubicación –** Umoljani/Умољани tiene unos 40 habitantes, todos bosníacos. La aldea pertenece al municipio de Trnovo, en el cantón de Sarajevo. Está situada a 20 km al suroeste de la estación de Bjelašnica y a 39 km al suroeste del aeropuerto de Sarajevo.

▶ **Descripción** – Completamente aislada, esta aldea ofrece una de las panorámicas más hermosas de la región. Situada a una altitud de 1353 metros, en la confluencia de las montañas Bjelašnica (al norte), Visočica (al sur) y Treskavica (al este), está dominada al norte por un espeso bosque de abetos y sobresale sobre el cañón del Rakitnica (3 km al suroeste). Poblada por pastores seminómadas que pasan meses con sus rebaños en los *katun* (pastos de verano), fue destruida en 1993 por las fuerzas serbobosnias. Sin embargo, estas se cuidaron de preservar la mezquita (siglo XVII): cuenta la leyenda que el hijo de un oficial serbio fue curado *milagrosamente* por el imán de Umoljani poco antes de la última guerra. En los alrededores hay muchos *stećci*, estelas de piedra medievales, incluida una necrópolis declarada Patrimonio de la Humanidad por la Unesco.

Umoljani es el punto de partida de muchos senderos cortos, sobre todo hacia el bosque del norte, pero también hacia Gradina, la aldea de los pastores de verano situada en un altiplano por el que serpentea el pequeño río Studeni Potok. Umoljani cuenta con cuatro pequeños restaurantes y dos casas de huéspedes donde se puede dormir. Lo mejor es encargar la comida antes de salir a caminar para que esté lista a la vuelta.

■ **CAÑÓN DEL RAKITNICA**
Rakitnica
A 3 km al sur de Umoljani. Acceso a pie desde el pueblo de Rakitnica, 6 km al sureste de Umoljani.
Explorado por primera vez en 1956, este cañón (Kanjon Rakitnice) es magnífico,

pero de difícil acceso. Es uno de los más profundos y salvajes de Europa. El río Rakitnica nace cerca del pueblo homónimo y se une al Neretva en Konjic después de 26 kilómetros, atravesando gargantas de hasta ochocientos metros de altura en algunos tramos. El tramo norte se puede explorar a pie desde el pueblo de Rakitnica, descender el tramo sur haciendo barranquismo con la agencia Visit Konjic (en Konjic, Herzegovina) y admirar el paisaje desde lo alto en la aldea de Lukomir.

■ **NECRÓPOLIS MEDIEVAL DE DOLOVI**
Umoljani
A 2 km al sur de la mezquita de Umoljani, por la carretera, cerca del cañón del Rakitnica. GPS: 43.654585, 18.237522.
Este yacimiento (Nekropola Stećaka Dolovi) es una de las veintidós necrópolis medievales del país inscritas en la Lista del Patrimonio Mundial de la Unesco. Situado sobre la carretera de Umoljani, consta de 47 *stećci* de finales de la Edad Media y 11 *nišans* de principios del periodo otomano. Hay decoraciones grabadas en catorce *stećci*, entre ellas dos escenas de danza, una cruz latina, una espada, un escudo, racimos de uvas y rayas. El yacimiento también contiene los restos de un edificio, probablemente una iglesia.

LUKOMIR

▶ **Ubicación** – Lukomir/Лукомир tiene unos 50 habitantes, todos ellos bosníacos. La aldea pertenece al municipio de Konjic, en el cantón de Herzegovina-Neretva. Se encuentra a 22 km al suroeste de Umoljani (vía

Kramari), a 27 km al suroeste de la estación de Bjelašnica (vía Kramari) y a 28 km al este de Konjic.

▶ **Descripción** – Accesible solo en 4×4 y encaramada a 1495 metros de altitud en la meseta de Podvelezje, Lukomir es la localidad más alta y aislada del país. Los paisajes aquí son suntuosos: situada al pie del monte Lovnica (1896 m), la aldea domina el cañón del Rakitnica al borde de un acantilado de 800 metros de altura. Azotada por el viento y aislada del mundo en invierno —lo que le permitió librarse de la última guerra—, solo tiene agua corriente y electricidad desde 2003. Mientras los hombres cuidan de sus rebaños de ovejas, las mujeres venden calcetines y ropa tradicional hechos a mano. Con su entorno de postal y sus hermosas casas rectangulares de piedra (a veces rematadas con chapa ondulada...), Lukomir se encuentra entre las propuestas de casi todas las agencias de viaje de Sarajevo. Como es de suponer, esto hace que muchas veces las visitas solo estén un momento y no lleguen a relacionarse con las gentes del lugar. La única excepción es la agencia Green Visions. Lleva veinticinco años realizando un proyecto de desarrollo sostenible en la zona y ofrece una estancia de cuatro días en alguna casa local.

VISITA

LAGO DE JABANICLA

La región del lago de Jablanica, que marca la entrada a Herzegovina, presenta dos grandes intereses turísticos: la práctica del rafting y la visita a los lugares más importantes relacionados con el mito de Tito, dos actividades que tienen mucho que ver con la presencia del río Neretva. Se puede llegar fácilmente por la carretera nacional M-17 que une Sarajevo con Móstar y pasa por Konjic y Jablanica. El tren sigue el mismo eje a lo largo del Neretva, aunque solo enlaza con Konjic. Desde allí, el trayecto en tren a Móstar es, sin duda, el más bonito del país: la vía serpentea de manera increíble en este laberinto de repliegues montañosos, a veces a sesenta metros por encima de la carretera, atravesando un montón de túneles que ofrecen paisajes deslumbrantes en cada salida.

▶ **El río Neretva,** con 225 km de largo, nace en los montes Zelengora y Lebršnik, en el Parque Nacional de Sutjeska, en la República Serbia, y después fluye durante casi cien kilómetros en dirección noroeste hasta Konjic bajo el monte Bjelašnica. Alimenta a continuación el gran lago artificial de Jablanica, de 22 km, rodea el monte Prenj (2155 m) antes de girar bruscamente a la altura de la ciudad de Jablanica hacia sur para cruzar Móstar y desembocar en el Adriático a la altura del puerto croata de Ploče. De curso tranquilo y rápido, alternativamente, ha modelado los paisajes de la región creando valles abruptos río arriba de Konjic, zonas fértiles alrededor de Konjic y Jablanica, y un cañón al sur de Jablanica.

▶ **Turismo e historia.** Se puede practicar rafting en la parte oriental del Neretva, a lo largo de la ladera occidental del monte Bjelašnica, en un recorrido de siete kilómetros entre Džajići y Konjic. En esta zona se encuentra uno de los enclaves turísticos más recientes del país: el búnker de Tito, una gran estructura secreta construida a lo largo del río y abierto a las visitas desde 2011. El relieve accidentado de la región se encuentra también en el origen de numerosos episodios bélicos. Durante la guerra civil de 1992-1995, la región estuvo esencialmente bajo control bosníaco y bosnocroata, pero, debido a su interés estratégico, sufrió numerosos bombardeos por parte de los serbobosnios. Aunque la batalla más famosa se remonta a 1943. Se trata de la batalla del Neretva, que permitió a Tito y sus seguidores escapar de las fuerzas del Eje. Esta se produjo en las afueras de Jablanica y supuso uno de los mayores enfrentamientos militares de la Segunda Guerra Mundial en los Balcanes.

KONJIC

▶ **Ubicación** – Konjic cuenta con unos 10 000 habitantes, de los cuales el 89 % son bosníacos y el 6 % bosniocroatas. Es la capital del municipio de Konjic (24 000 habitantes), dentro del cantón de Herzegovina-Neretva. La ciudad está a 57 kilómetros al sur de Sarajevo y a 69 kilómetros al noreste de Móstar.

▶ **Descripción** – Situada entre dos valles, en la confluencia de los ríos Neretva y Trešanica, y dominada por los montes Prenj (2102 m), Bjelašnica (2067 m) y Bitovnja (1744 m), Konjic marca la ruptura entre Bosnia y Herzegovina, con un paisaje y un clima ya de influencia mediterránea. Ciudad de paso entre Sarajevo y Móstar, cuenta con uno de los lugares más visitados del país: el búnker de Tito, un enorme refugio antiaéreo del período socialista. Aunque

la ciudad fue bombardeada por el ejército serbobosnio durante la última guerra, su puente Viejo y su pequeño centro otomano han sido renovados, y ahora cuenta con dos museos y muchos cafés. Conocida por su rica tradición ebanista, declarada Patrimonio de la Humanidad por la Unesco, Konjic es también el punto de partida de excursiones en rafting por el Neretva y de uno de los paseos en tren más pintorescos de Europa. Sus alrededores son verdes y albergan nada menos que veintitrés necrópolis medievales (*stećci*), una de las cuales ha sido catalogada como Patrimonio de la Humanidad de la Unesco. Sin embargo, a Konjic le cuesta establecerse como lugar de parada: al estar demasiado cerca de Móstar y Sarajevo, la mayoría de los visitantes solo se dejan caer durante unas horas.

■ **BÚNKER DE TITO**
Gornje polje
✆ +387 36 72 76 45
bunker.ba
Designado oficialmente como *Atomska Ratna Komanda D-0* o *ARK D-0* (Autoridad de guerra atómica D-0), es la segunda infraestructura más cara heredada de la antigua Yugoslavia, tras la base aérea de Željava, cerca de Bihać. Su construcción costó 4,6 millones de dólares (el equivalente de 20 millones de euros hoy) y requirió 26 años de trabajo y 30 000 empleados. El proyecto fue clasificado como alto secreto y su existencia no fue revelada hasta después de la guerra de 1992-1995. En buen estado de mantenimiento, el búnker es ahora propiedad del ejército de Bosnia y Herzegovina, que ofrece visitas guiadas al público y organiza una bienal de arte contemporáneo.

▶ **Historia** – Tito ordenó construir en 1953 un búnker para su propia protección en caso de ataque nuclear; ataque que, por supuesto, nunca llegó. Tito tampoco. En 1979, un año antes de la muerte del mariscal, la base fue diseñada para resistir un ataque nuclear de 20 megatones y para albergar a 350 personas con plena autonomía durante seis meses, pertenecientes al Estado Mayor y a las altas esferas del Estado yugoslavo. Durante la guerra de 1992-1995, la región fue de gran importancia estratégica. Asimismo, desde el comienzo del conflicto, en 1992, el Estado Mayor del Ejército yugoslavo, bajo control serbio, dio orden de destruir el ARK D-0. Pero dado que el complejo estaba bajo custodia de una unidad mixta, un soldado bosnio logró frustrar el plan y el búnker pasó a manos del ejército bosnio. Aún así, no desempeñó prácticamente ningún papel durante el conflicto y fue completamente preservado con todo su material e instalaciones. Aún hoy, el espacio se halla en perfectas condiciones, excepto por algunas filtraciones de agua.

▶ **Visita** – Esta inmensa base subterránea de 6500 metros cuadrados se hunde a casi 300 metros bajo tierra. El acceso está disimulado detrás de la puerta del garaje de una gran casa blanca aislada. Hay que franquear tres puertas blindadas de un metro de espesor para entrar en un pasillo de 220 metros de largo que desciende a 280 metros bajo tierra. Este desemboca en el inmenso refugio antinuclear. Construido en forma de «U», alberga doce bloques, cada uno con una función especial: conferencias (números 4 y 5), comunicaciones (número 6), tratamiento del aire (número 9), carburante (número 10), agua (número 11), etc. En el bloque número 8 están los apartamentos de Tito. Consta de cuatro habitaciones: la habitación del mariscal y de su esposa, sin florituras, con una cama *king-size* y un cuarto de baño contiguo bastante básico, su escritorio con muebles de fórmica y una gran foto de sí mismo a modo de decoración, la habitación y la mesa reservada a su secretariado. Iluminado con seis mil neones, el complejo incluye además cien habitaciones y dormitorios, dos cocinas principales, cinco baños colectivos, cinco centros de comando equipados con teléfonos rojos eslovenos hechos con baquelita, típicos de la Yugoslavia socialista, un centro destinado al envío y recepción de mensajes codificados (con teletipos marca Siemens y máquinas decodificadoras, también de fabricación occidental), un hospital con sala de operaciones, una piscina de 170 metros cúbicos de agua, dos salas de conferencias, una de ellas con 72 sillas de color amarillo mostaza siempre impecablemente dispuestas en semicírculo.

PROZOR

Situada a 764 metros de altitud, en la frontera de Herzegovina, Tropolje y Bosnia Central, esta pequeña localidad de 3500 habitantes lleva el bonito nombre de «ventana de Rama». Merece la pena visitarla para contemplar el lago de Rama, el más bello del país... salvo en verano, cuando está medio seco. Dominada al sur por el escarpado macizo de Čvrsnica, la villa en sí no tiene especial encanto, salvo por su actividad, con numerosas tiendas y una gran iglesia católica construida en

1908, mientras que en lo alto se alza la elegante mezquita Nuhefendić, de principios del siglo XVII. Esta es la última de las cuatro mezquitas que existieron en la localidad, que fue bastión de los nacionalistas croatas durante la Segunda Guerra Mundial y escenario de masacres de bosníacos durante la última guerra.

■ LAGO DE RAMA
Ramsko jezero

En primavera, es uno de los lugares más bellos del país. Este lago artificial (Ramsko Jezero) de 15 km^2 se encuentra a 600 metros de altitud, a 7,5 kilómetros al oeste de Prozor-Rama. Antes de secarse parcialmente en verano, ofrece un paisaje encantador: islotes verdes, orillas quebradas, dos penínsulas, incluida aquella sobre la que se alza el monasterio de Rama-Šćit, y altas montañas como telón de fondo, sobre todo el monte Čvrsnica (2228 m), al sur. De 7,5 km de largo y 4,6 km de ancho, el lago se creó en 1968 con la puesta

en marcha de una presa hidroeléctrica, al este. La presa extrae agua del río Rama, que ahora nace bajo el lago y recorre 34 km, en parte a través del lago Jablanica, para unirse al río Neretva. El lago de Rama alcanza una profundidad máxima de cien metros en invierno. En su fondo hay cuatro pueblos enterrados: Kopčići, Luka, Bruša y Škarina. Estos tres últimos dan nombre a los islotes situados al oeste de la península de Matkovići, mientras que al este de la península de Šćit emerge el solitario islote de Humac. El lago tiene mucho menos encanto cuando está vacío en verano. Las orillas aparecen embarradas y la superficie del agua turbia, sobre todo por la tarde debido a los vientos. Pero en esta época puede verse el minarete de la antigua mezquita de Kopčići.

La península de Šćit y la parte oriental, alrededor de los pueblos de Podbor y Ploča, son las más activas: alojamiento, cafeterías, restaurantes y alquiler de embarcaciones.

■ MONASTERIO FRANCISCANO DE RAMA-ŠĆIT
Šćit bb

☎ +387 36 78 06 78; rama.co.ba

Este monasterio católico (Franjevački Samostan Rama-Šćit) goza de un entorno inmejorable: se encuentra a diez kilómetros al suroeste de Prozor-Rama, justo en el centro del lago de Rama. Fue fundado en el siglo XV sobre una colina que, cuando el lago se llenó de agua, se convirtió en la península de Šćit. Destruido varias veces, hoy alberga un museo rural, un museo de arte y un jardín de esculturas en el que destaca la *Cruz de Rama*, un bronce de cuatro metros de altura creado en 1992 por el croata Mile Blažević.

Lago de Rama.

HERZEGOVINA

Herzegovina (Hercegovina/ Херцеговина *en las lenguas eslavas locales) forma el extremo sur del país. Conocida por sus vinos, su clima y sus paisajes mediterráneos, es la región más turística. Además de su capital, Móstar, clasificada con su Puente Viejo como Patrimonio de la Humanidad de la Unesco, cuenta con hermosas ciudades* pequeñas como Blagaj, Počitelj, Trebinje *y Stolac, así como la ciudad costera de Neum y el importantísimo lugar de peregrinación católica de Međugorje. Debido a su proximidad a Dubrovnik, en Croacia, también se beneficia de la afluencia de algunos de los millones de visitantes que viajan a la costa dálmata cada año.*

MÓSTAR

«El puente de Móstar es como un arco iris que se extiende de un acantilado a otro. Yo, un humilde y pobre esclavo de Alá que ha cruzado dieciséis países, nunca he visto un puente tan alto. Salta de roca en roca tan alto como el cielo». Evliya Çelebi, *El libro de los viajes,* 1656.

▶ **Presentación** – Móstar (Мостар) tiene una población de unos 65 000 habitantes, de los cuales el 47 % son bosniocroatas, el 44 % bosníacos y el 7 % serbobosnios. Es la capital del municipio de Móstar (105 000 habitantes) y del cantón de Herzegovina-Neretva (215 000 habitantes). Se encuentra a 120 km al sureste de Livno (vía Tomislavgrad), a 129 km al suroeste de Sarajevo (vía Jablanica) y a 139 km al noroeste de Dubrovnik (Croacia).

Descripción – Móstar es la perla del turismo en Bosnia y Herzegovina. Ya lo era incluso antes de la guerra. Las imágenes de la destrucción de su Puente Viejo (Stari Most) en 1993 cautivaron a la opinión internacional. Desde su reconstrucción en 2004 y su clasificación como Patrimonio de la Unesco en 2005, los turistas han vuelto en masa: 500 000 al año, con un aumento del 15 % anual.

El casco antiguo (Stari Grad), asentado alrededor del puente en el siglo XV, es magnífico y ha sido brillantemente reconstruido. Se alza sobre el río Neretva, en un pequeño cañón rocoso, a unos veinte metros más abajo. El río atrae a los visitantes por su color verde esmeralda, único en el mundo. También hay magníficas mezquitas, antiguas casas otomanas, iglesias y calles empinadas. A lo largo de los siglos, Móstar se ha ido expandiendo hacia el oeste hasta convertirse en una ciudad moderna, mientras que el este, delimitado por las escarpadas estribaciones del macizo de Velež, todo él roca desnuda, permanece virgen. El visitante que llega por primera vez a Móstar, sobre todo desde el norte y Sarajevo, queda impactado por este paisaje súbitamente meridional y oriental, del que emana una poesía incomparable que se debe también a la luz especial de su río.

MÓSTAR ESTE

La mayoría de los lugares de interés se concentran en Móstar Este, a ambos lados del río Neretva, en el pequeño barrio de Stari Grad, declarado Patrimonio de la Humanidad por la Unesco: el propio puente, reconstruido en 2004, con sus dos torres, una de las cuales alberga el museo del Puente Viejo; además de mezquitas, callejones y casas de la época otomana. Continuando por Móstar Este, la calle principal del Mariscal Tito (Maršala Tita) está repleta de museos y edificios austrohúngaros y yugoslavos que aún conservan las cicatrices de la guerra, mientras que más arriba está el barrio ortodoxo y su catedral recientemente reconstruida.

■ **CASA BIŠČEVIĆ**

Biščevića bb

✆ +387 36 55 06 77

Esta casa tradicional del siglo XVII (Biščevića Kuća) domina el Neretva con una veranda con ménsulas sostenida por dos pilares de doce metros de altura. Está en la orilla izquierda, 500 metros al norte del Puente Viejo por las calles Kujundžiluk, Mala-Tepa y Braće-Fejića. Con su tejado de pizarra, alberga un pequeño museo que recrea un interior bosníaco del siglo XIX. El conjunto se visita bastante rápido, ya que están cerradas algunas partes dañadas entre 1992 y 1994. Pero se puede disfrutar de un café en el patio en compañía de la tortuga de la casa.

■ **CASA KAJTAZ**

Gaše Ilića, 21

✆ +387 61 33 98 97

facebook.com/KajtazsHouse

En la parte oriental de Móstar se pueden visitar cinco casas antiguas clasificadas.

La casa Kajtaz (Kajtazova Kuća) no es la más conocida, pero es de lejos nuestra preferida. Primero por su autenticidad, porque, a diferencia de las otras casas bosnias y otomanas, esta no ha sido modificada desde su construcción, que se remonta al siglo XVI (fecha de la primera mención escrita de su existencia). Esto hace que sea una de las casas más antiguas de todo el país. Ha tenido la suerte de salvarse casi por entero durante el último conflicto. También adoramos su encanto: un conjunto de pequeños cuartos entre la parte reservada a los hombres y la de las mujeres, un bonito patio resguardado por altos muros que protegen del sol, piezas de carpintería de cedro del Líbano, una pequeña colección de libros raros en árabe, mobiliario de época y bonitas alfombras antiguas. Pero, sobre todo, lo que más nos encanta es el recibimiento. La casa está abierta a los visitantes desde 1994 y ha estado habitada por la familia Kajtaz hasta 2006. Por otra parte, Anes Kajtaz, el propietario actual, acompaña las visitas (nació en la casa). Si no, es Indira, la vecina, la que se encarga de ello. La casa se encuentra en una calleja de la orilla izquierda del río, a 500 metros al sureste del Puente Viejo.

■ **CALLE KUJUNDŽILUK**

No es solo el puente, sino todo el conjunto del «barrio del Puente Viejo en el centro histórico de Móstar» lo que la Unesco nombró Patrimonio de la Humanidad en 2005. La zona clasificada se extiende sobre 7,6 hectáreas, con una zona protegida de 48 hectáreas. Según la Unesco, «El barrio del Puente Viejo es un ejemplo notable de asentamiento urbano multicultural, como lo prueban sus variadas edificaciones preotomanas,

MÓSTAR

hacia Rastani

hacia Sarajevo

RUDNIK

CENTAR II

Rudarska

M. Tita

M-17

ZGONI

Dubrovacka

Kralja Tomislava

Dr. A. Starcevica

AVENIJA

Estación de ferrocarril

Carinski Most

PASJAK

MÓSTAR OESTE

Stjepana Radica

M. Balorde

M. Tita

MÓSTAR ESTE

STRELČEVINA

Zivonimirova

MAZOLJICE

Kralja Tomislava

Zagrebacka

Kralja Turtla

Titov Most

Brace Lakisica

Viejo Liceo

Kolodvorska

Aleksa Santica

Zrinskog

Alekse Buca

Brace Fejica

BALINOVAC

Librería Franciscana

Bulevar

Mezquita Bey

BRANKOVAC

Kneza Branimira

K.M.V. Humskog

Barrio Biscevica

Antigua Iglesia Ortodoxa

K. Katarine

Iglesia

GERNICA

Mezquita Koski Mehmed Pasha

Torre del Reloj

Museo Herzegovino

Iglesia Ortodoxa

Radobolja

Rade Bitange

Mezquita Tabacica

Museo del Puente Viejo

Oficina de Turismo

Hamam

Torre Hercegusa

Franjevacka

Iglesia Católica Franciscana

Oneskujoka

Madraza

Puente Viejo

BJELUŠINE

ZAHUM

Puente Kriva Cuprija

STARI GRAD

Casa de Kajtaz

PANJEVINA

Mezquita Neziraga

Centro de Música Pavaroti

Bulevar

LUKA

G. Vukovica

M. Tita

hacia Čitluk y Medugorje

Tumba de Šejh Jujuno

0   550 m

Bulevar

DONJA MAHALA

hacia el geródromo, Split y Dubrovnik

Most H. Brikica

otomano-orientales, mediterráneas y occidentales. El puente reconstruido y el centro histórico de Móstar son símbolos de la cooperación internacional y de la coexistencia de distintas comunidades culturales, étnicas y religiosas».

Dentro del casco antiguo, Kujundžiluk Ulica, peatonal y adoquinada, es la calle más bonita del país. En la orilla izquierda del Neretva, linda con el Puente Viejo desde el siglo XVI, con una hermosa sucesión de casas antiguas de muros de colores. Aunque originalmente era la calle de los orfebres (*kuyumcular* en turco, *kujundžije* en las lenguas locales), con el paso del tiempo se ha convertido en la calle de los hojalateros y caldereros, y hoy en día en la calle de las tiendas turísticas. Los viajeros encontrarán aquí el punto perfecto para sacar la mejor foto del Puente Viejo, aunque hay cola.

■ PUENTE VIEJO (STARI MOST) DE MÓSTAR ★★★★
Stari Most

Antes de la guerra, mucho antes de ser clasificado por la Unesco en 2005, ya atraía a turistas de todo el mundo. Su destrucción por la artillería bosnio-croata, filmada y retransmitida por televisión, conmovió a todo el planeta el 9 de noviembre de 1993. Tras largos años de estudios y trabajos, se reconstruyó en 2004. Desde entonces, la gente se apremia para venir a ver esta joya de la arquitectura otomana convertida en estrella mediática.

▶ **En la Edad Media** – Las excavaciones realizadas durante las obras de reconstrucción demostraron que aquí existieron dos versiones de un puente de madera a partir del siglo XI. Punto estratégico de paso, el lugar permitía a los mercaderes de Ragusa (Dubrovnik) llevar sus caravanas hasta el corazón de Bosnia. Cada vez que cruzaban, los mercaderes debían pagar un impuesto a los *Móstari*. Fueron *estos guardianes del puente* quienes dieron nombre a la ciudad, convirtiendo Móstar en la segunda ciudad más rica de la región después de Dubrovnik. Tras la conquista otomana en 1470, la ciudad siguió creciendo y pronto se hizo necesario transformar el puente de madera en una estructura de piedra más sólida.

▶ **Construcción** – El puente Viejo de Móstar fue construido en 1565-1566 por el arquitecto Mimar Hajrudin, alumno del mayor arquitecto otomano, Mimar Sinan, a quien se debe, en particular, el puente Mehmed Pasha Sokolović de Višegrad, el único monumento, junto con este, clasificado por la Unesco en Bosnia y Herzegovina. Se compone de un solo arco, con el característico lomo de asno y 27 metros de luz, 4 metros de ancho y 29 de longitud. Domina el Neretva desde una altura de 29 metros. Dos torres fortificadas lo protegen: la torre Helebija en la orilla derecha y la torre Tara en la orilla izquierda, ambas del siglo XVII. La arquitectura de este puente con lomo de asno es sorprendente, pues le confiere una gran solidez. Con su arco puro y el color claro, da la impresión de haberse hecho con un único bloque de piedra. Para ello hay una razón, su técnica revolucionaria: los 456 bloques de piedra calcárea solo se mantienen con broches de hierro sellados con plomo. La leyenda dice que Hajrudin huyó antes de que se retirasen los andamios por miedo a que el puente se derrumbara. De hecho, la solidez de su obra era tal que el Puente Viejo resistió durante siglos a terremotos y conflictos, excepto al último.

© TADEJ ZUPANCIC – ISTOCKPHOTO.COM

Puente Viejo de Móstar.

▶ **Destrucción** – Durante la guerra civil de 1992-1995, cuando la ciudad estaba asediada por el Consejo de Defensa Croata (HVO) desde el 9 de mayo de 1993, el ejército de Bosnia y Herzegovina (ARBiH) lanzó una contraofensiva victoriosa en septiembre de ese mismo año. Pero tras el asesinato de sesenta prisioneros de guerra bosniocroatas, el mando del ARBiH detuvo la operación. A continuación, el HVO sometió la parte oriental de Móstar a una tormenta de fuego, en parte porque ya no estaban en condiciones de controlar la ciudad. Ya dañado, el puente Viejo, que se había mantenido en pie durante 427 años, fue destruido el 9 de noviembre por la artillería bosnio-croata. Antes de derrumbarse, recibió el impacto de sesenta obuses. Posteriormente, el HVO admitió haberlo destruido deliberadamente por razones estratégicas. Ahora aparece claramente como una destrucción deliberada, como la voluntad de aniquilar la memoria de un patrimonio cultural común y de la

coexistencia pacífica. Los principales oficiales croatas y bosniocroatas responsables del HVO en el sector de Móstar fueron condenados a duras penas en 2013, en particular por destruir elPuente Viejo, hecho que fue considerado como una violación de las leyes o costumbres de la guerra.

▶ **Reconstrucción** – La destrucción del Puente Viejo fue un verdadero golpe para la población, y nadie en la ciudad pensaba que pudiera ser reconstruido. Sin embargo, cuatro meses después de su colapso, el 10 de marzo de 1994, mientras Bosnia y Herzegovina estaba aún en guerra, la Unesco hizo un llamamiento para su reconstrucción. Las grandes instituciones financieras internacionales, algunos mecenas y países como Francia y Turquía respondieron favorablemente, a los que más tarde se unió la propia Croacia. El cuerpo de ingenieros del ejército español instaló una pasarela provisional en lugar del puente. Y mientras unos submarinistas del ejército húngaro recuperaban algunos bloques de piedra que cayeron al Neretva (8 toneladas de peso cada uno), se fue a buscar piedras de la misma calidad en las canteras de la región. Se contrató a una empresa turca que conocía bien las técnicas de construcción otomana. Su reconstrucción comenzó el 7 de enero de 2001. El 23 de julio de 2004, el «nuevo» puente Viejo fue inaugurado como un símbolo de la reconciliación entre las comunidades croata y bosnia. Pero se necesitaría mucho más tiempo para deconstruir la frontera mental que sigue separando el este y el oeste de Móstar.

▶ **Barrio.** El 15 de julio de 2005, menos de un año después de su reapertura, el puente fue incluido en la prestigiosa Lista del Patrimonio Mundial de la Unesco. No es solo el puente en sí, sino todo el «Barrio del Puente Viejo de la Ciudad Vieja de Móstar» el que ha sido incluido en la lista de la organización cultural de las Naciones Unidas. El sitio del Patrimonio Mundial abarca una superficie de 7,6 hectáreas, totalmente peatonal, en el distrito histórico de Stari Grad (Ciudad Vieja), a ambos lados del puente, en las dos orillas del Neretva. En la orilla derecha, al oeste, la zona protegida incluye: la torre Halebija, que guarda la entrada occidental del Puente Viejo, un tramo de la calle Onešćukova (antiguos talleres convertidos en tiendas) y la calle Rade-Bitange (antiguo barrio de curtidores de Tabhana con la mezquita Hadži-Kurt y el hamam Ćejvan-Ćehaja), así como la zona alrededor del pequeño puente *curvo*.

Al este, la zona catalogada es más estrecha. Se extiende a lo largo de la orilla izquierda del Neretva, entre la torre de Tara (sede del Museo del Puente Viejo) y la hermosa mezquita Koski Mehmed

Pasha, unidas por las espléndidas callejuelas Kujundžiluk (talleres artesanos y tiendas de recuerdos) y Mala Tepa («pequeña colina»). Todo este barrio histórico está rodeado por una franja de transición de 48 hectáreas donde toda construcción está —en teoría— estrictamente regulada. La mayoría de los hoteles, restaurantes, bares, agencias de viajes y atracciones turísticas de Móstar se concentran en esta zona.

■ TORRE TARA – MUSEO DEL PUENTE VIEJO
Kujundžiluk
℡ +387 36 55 14 32
muzejhercegovine.com

En la orilla izquierda del río Neretva, esta torre (Kula Tara) vigila la entrada oriental del Puente Viejo y alberga un interesante museo (Muzej Stari Most). Aunque parece rectangular vista desde el puente, en realidad es semicircular, con una superficie redondeada en la parte posterior. Consta de cinco niveles y alcanza una altura de unos 20 metros en el tejado, con muros de 3,5 m de grosor en la base. Se construyó en 1676 sobre una torre de madera del siglo XI. Hasta el final del periodo otomano, en 1878, se utilizó como polvorín y almacén de municiones. Dañado durante la última guerra (paredes agrietadas, suelos destruidos, etc.), fue restaurada como parte de la amplia reconstrucción del Puente Viejo. Desde 2006, alberga un museo dedicado al monumento más famoso del país. La primera parte recorre la historia del puente e incluye algunos de los hallazgos arqueológicos realizados durante las obras. La segunda sección revela los cimientos de la torre y los restos de los dos puentes anteriores de madera de la Edad Media. Por último, en la cuarta planta, la tercera sección hace un recorrido fotográfico que revive la destrucción del puente en 1993 y las colosales obras que siguieron hasta 2004. Se puede admirar el resultado desde las aberturas de los muros que dan al Neretva, al Puente Viejo y a la torre Halebija. A los pies de la torre de Tara comienza la magnífica callejuela Kujundžiluk, desgraciadamente invadida por turistas y tiendas de recuerdos.

■ MEZQUITA KOSKI MEHMED PASHA ⭐⭐

Mala Tepa, 16

Por su arquitectura armoniosa y su emplazamiento, a lo largo del Neretva, es la más elegante de las quince mezquitas de Móstar. Su construcción fue encargada por Mehmed Pasha Koski en 1616. Nacido en Móstar a mediados del siglo XVI, era un gran maestro de las finanzas del ejército otomano (*defterdar*). Pero nunca vio la mezquita terminada, ya que murió en 1618, dos antes del final de la construcción. Pero gracias a la fundación (*vakuf*) que él mismo había creado para el mantenimiento del edificio y de la madraza, su hermano, el jeque Mahmud Baba, pudo supervisar el fin de los trabajos. El complejo fue totalmente devastado en 1993 durante el asedio de la ciudad y reconstruido entre 1999 y 2001. La mezquita está cerrada al culto, pero se puede visitar. No en vano, es uno de los monumentos más demandados de la ciudad. Aunque el personal de vigilancia es bastante tolerante, recomendamos el máximo respeto por las costumbres musulmanas en el interior (vestimenta correcta, descalzarse, permanecer en silencio) porque algunos comportamientos realmente inapropiados de los turistas

comienzan a molestar de verdad a los habitantes.

▸ **Complejo** – Se accede por la calle Mala Tepa a través de un pasadizo abovedado con arco de medio punto. A continuación se entra en un patio donde, en el centro, se alza la fuente prevista para las abluciones rituales de los fieles. Detrás de esta se hallan las lápidas de los antiguos imanes y los líderes religiosos. Frente a la mezquita se alza la antigua madraza, que fue utilizada hasta 1924 como lugar de formación de los estudiantes sufíes (*khanqah*). Al fondo del patio, debajo de un pequeño cementerio, el Koski Basta Caffe dispone de una agradable terraza sobre el río con unas magníficas vistas del Puente Viejo. El resto del patio está ocupado por un centro cultural turco y una tienda de alfombras y recuerdos (en la antigua madraza).

▸ **Exterior** – La mezquita se presenta como un cubo de 12,60 metros de lado coronado por una cúpula de 10 metros de diámetro y 15,25 metros de altura, con un porche cubierto por tres cúpulas. Es una de las tres únicas mezquitas de Móstar con una cúpula, junto con las de Karaðoz Beg y Nesuh-Aga Vučjaković. Las paredes están conformadas por bloques cuadrados de piedra de 1,10 metros de lado, del mismo tipo que los utilizados para el Puente Viejo (una roca caliza denominada (tenelija). El minarete de piedra, no decorado, se eleva a 28 metros de altura, coronado por un alem (símbolo de la media luna y la estrella) de 1,90 metros. Si estás en forma, podrás subir los 89 escalones para acceder a la parte alta del mismo (anchura de 1,30 metros de diámetro dentro) y disfrutar así de una vista del conjunto de la ciudad, con el Puente Viejo en primer plano.

▶ **Interior** – Perforados por 25 ventanas, los muros están decoradas del mismo modo que los de la mezquita Karaðoz Beg, con motivos vegetales, varios adornos en el minbar (púlpito para los sermones), el mirhab (santuario que indica la qibla, es decir, la dirección de La Meca) y el mahfil (galería reservada a las mujeres), unos magníficos paneles caligráficos en árabe que recogen algunos versos del Corán y un rosetón central en la cúpula.

MÓSTAR OESTE ★★★

Móstar Oeste es más moderno y tiene poco que ofrecer desde el punto de vista turístico, salvo un hermoso cementerio partisano, el parque municipal con su increíble estatua de Bruce Lee, el icónico y colorido instituto y un enorme y poco atractivo campanario católico.

■ CEMENTERIO DE LOS PARTISANOS ★★

Kralja Petra Krešimira IV
partizansko.info

Creado en 1965, este cementerio conmemorativo (Partizansko Spomen Groblje) es, por su arquitectura, uno de los más grandes de la antigua Yugoslavia. Descuidado, se alza sobre una colina en el parque forestal de Trimuša, a 800 metros al suroeste de la plaza de España, por encima de la catedral de María Madre de la Iglesia. El lugar contiene 810 tumbas de partisanos locales que murieron durante la Segunda Guerra Mundial. El complejo fue diseñado por Bogdan Bogdanović (1922-2010), entre cuyas obras se encuentra la *Flor de piedra* de Jasenovac-Donja Gradina, en la región

de Banja Luka. Aquí, el arquitecto serbio ha combinado dos grandes movimientos artísticos: el *land art*, que utiliza relieves y materiales naturales, y el brutalismo, con numerosos elementos de hormigón en bruto. El cementerio se ha diseñado como un gran jardín atravesado por un camino de 250 metros de largo. Bogdanović tomó el río Neretva como fuente de inspiración: el sendero está concebido como un río que serpentea sobre un suelo pavimentado con guijarros del Neretva, desembocando en una inmensa *cascada* de bloques de piedra y hormigón rodeada de vegetación. Aquí yacen los cuerpos de 560 partisanos (no se han encontrado todos los restos), ocho de los cuales, considerados héroes nacionales, están enterrados en un mausoleo circular en lo alto de la *cascada*. Bogdanović optó por no incluir «ningún símbolo de la iconografía de la muerte o del realismo socialista», es decir, ni cruces ni hoces ni martillos, para evitar cualquier «glorificación de la muerte».

■ CRUZ DEL MILENARIO ★

Križ na Humu

Esta cruz católica de hormigón (Milenijski Križ) se alza en lo alto de la colina Hum, a 392 metros sobre el nivel del mar. Mide 33 metros de altura (en referencia a la edad de Cristo) y se instaló en el año 2000 para conmemorar el bimilenario del nacimiento de Cristo. Al igual que el campanario de la Paz, es percibido como una provocación por los habitantes no católicos de Móstar. En cualquier caso, el espacio ofrece bellas vistas de la ciudad, el monte Velež y el monte Prenj. **Acceso por carretera:** a 6,3 km al sur del monasterio franciscano por la calle Franjevačka, luego a la izquierda por la calle Fra Lea Petrovića.

■ MONASTERIO FRANCISCANO – CAMPANARIO DE LA PAZ ⭐

Franjevačka, 1
℡ +387 36 31 96 88
franjevci.info

No hay que perderse este complejo católico ya que posee el mayor campanario de los Balcanes: 107,20 metros de altura.

◗ **Campanario** – Aunque esté dedicado a la Paz, es el símbolo más representativo de la división entre las comunidades. Construido en el año 2000, este impresionante campanario cuadrado (3 m de lado) de hormigón irrita a la mayoría de los habitantes de Móstar. Desde 2016, se ha acondicionado un mirador a 75 metros de altura con cuatro ventanas que ofrecen unas vistas impresionantes de la ciudad y los alrededores. Un ascensor llega hasta los 50 metros, lo que permite ahorrarse 222 de sus 370 escalones. A continuación, se pasa junto a una exposición sobre la historia de la ciudad y cinco enormes campanas. Cuidado, repican cada quince minutos y su sonido es potente.

La otra hermosa vista sobre Móstar también es irritante para los bosniocroatas: sobre la parte oeste de la ciudad, el monte Hum (392 m de altitud) está dominado por una cruz católica de 33 metros de altura. Se construyó en el 2000, el mismo año que el campanario.

◗ **Historia** – La iglesia se fundó en 1866 con la ayuda de otomanos y benefactores extranjeros. Primero fue una catedral, luego la iglesia del monasterio franciscano construido al lado en 1891, cuando la sede de la diócesis se transfirió a Duvno. Muy activo, el monasterio se desarrolló y se dotó de una rica biblioteca que cuenta con 50 000 libros y 536 manuscritos antiguos, además de cuadros italianos de los siglos XVI y XVII. Al comienzo de la guerra, durante el intento de toma de la ciudad por parte del ejército yugoslavo y las tropas bosnioserbias, el templo fue destruido en mayo de 1992. El resto del complejo, aunque estaba en la línea del frente que recorría el Bulevar, se libró relativamente durante los enfrentamientos entre las fuerzas bosniocroatas y las bosníacas de 1993. La biblioteca del monasterio se salvó y el campanario del siglo XIX sigue en pie.

◗ **Reconstrucción** – Durante la reconstrucción de la iglesia entre los años 1998 y 2001, financiada en gran parte por fondos procedentes de Croacia, la diócesis católica decidió derribar el antiguo campanario para construir uno nuevo que inspirara a los fieles. Simbólicamente, se trataba de afirmar la presencia católica en la ciudad con más habitantes bosniocroatas del país. El nuevo campanario fue muy criticado: porque no solo domina sobre todos los edificios de las otras religiones, sino porque refuerza la impresión de frontera entre las zonas este y oeste, elevándose justo en la línea del Bulevar. Sin embargo, el lugar atrae a numerosos peregrinos de Međugorje.

■ ESTATUA DE BRUCE LEE ⭐

Parque Zrinjevac

Esta insólita estatua de bronce (Spomenik Bruce Leeju) es una rara señal de acercamiento entre las comunidades de Móstar. Actualmente está siendo reparada, tras un acto de vandalismo en 2024. Está previsto que vuelva a su emplazamiento original en el parque Zrinjevac, junto al río Korzo, 300 metros al suroeste de la plaza de España. El proyecto comenzó en 2004. La asociación local Movimiento Urbano tuvo la idea de crear una estatua que atrajera a todos los jóvenes de la ciudad. Se organizó una votación entre jóvenes bosnioserbios, bosniocroatas y bosníacos, a quienes se les propusieron varios nombres: Tito, el Papa, Gandhi... Al final, se eligió al rey del kung fu sinoamericano. El escultor croata Ivan Fijolić (nacido en 1975) inauguró la estatua en 2005: un Bruce Lee reluciente, casi de tamaño natural. Listo para la batalla, sujeta su nunchaku bajo el brazo derecho, con la mano izquierda extendida. En la base aparece una inscripción dirigida a los jóvenes: «Bruce Lee, tu Móstar». Pero los nacionalistas temen que este héroe extranjero, en parte cómico, en parte filósofo, distraiga a las jóvenes generaciones de los *valores* por los que lucharon durante la última guerra. Y surge la pregunta, con toda seriedad: ¿hacia qué barrio gira la palma el dragoncito: hacia las mezquitas o hacia la catedral católica? Ambos bandos se sienten ofendidos. La escultura es objeto continuo de vandalismo, pero siempre acaba siendo reparada, ya que los habitantes le tienen mucho cariño.

CAÑÓN DEL NERETVA Y MONTE VELEŽ

Los alrededores de Móstar están marcados por dos bellos conjuntos de relieves accidentados.

▶ **Cañón del Neretva** – Rodeado de altos precipicios, el río se extiende cuarenta kilómetros hacia el norte hasta Jablanica. La entrada al desfiladero se encuentra en la carretera M-17 que conduce a Sarajevo, en el pueblo de Raška Gora, donde el paisaje se vuelve brutalmente escarpado. Es una sucesión de desfiladeros impresionantes hasta el lago artificial de Jabalanica. A ambos lados de la carretera (a menudo muy concurrida) se esconden pueblos de montaña aislados que bien merecen una visita. Después, el Neretva gira hacia el oeste hacia Konjic. Comienza el Alto Neretva.

▶ **El monte Velež** domina Móstar por el este y se eleva a 1969 metros de altitud. Debe su nombre a Veles, dios de la guerra y de las cosechas en la antigua mitología eslava. Está conformado por 21 cumbres unidas entre sí por mesetas cársticas con vegetación mediterránea y escarpados pueblos de montaña. Al pie de este conjunto admirable, el pueblo de Blagaj es una parada obligada por su importante patrimonio otomano y el magnífico nacimiento del Buna, pequeño afluente del Neretva que parece brotar por arte de magia bajo un inmenso precipicio. Blagaj también puede ser un buen punto de partida para explorar la región durante unos días sin necesidad de pernoctar en Móstar: hay cuatro campings.

VELIKO RUJIŠTE (ВЕЛИКО РУЈИШТЕ)

▶ **Ubicación** – Esta montaña del macizo de Velež se eleva a 1703 m sobre el nivel del mar. Se encuentra a caballo entre la Federación de Bosnia y Herzegovina (al oeste) y la República Srpska (al este). A sus pies, en el lado oriental, se encuentran el pueblo de Zijemlje

(Зијемље), con 200 habitantes, capital del municipio de Istočni Móstar (la parte del territorio de Móstar adscrito a la República Srpska) y la pequeña estación de esquí de Rujište (Рујиште). Zijemlje se halla a 2 km al sur de la estación de esquí de Rujište y a 37 km al noreste de Móstar (R-435a y carretera local). No hay conexión de autobús desde Móstar.

▶ **Descripción** – En apariencia, el lugar es excelente. El Veliko Rujište ofrece una magnífica panorámica de una sucesión de cumbres situadas entre 1800 y 2100 metros de altura, pertenecientes a los macizos de Prenj (norte) y Velež (sur). Se dice que su minúscula estación de esquí es una de las más ricas en oxígeno de Europa. Sin embargo, nosotros encontramos aquí una atmósfera totalmente irrespirable. Esta zona fue escenario de abominables masacres cometidas por las fuerzas bosnioserbias en 1992 (torturas, violaciones y asesinatos de civiles bosníacos en la escuela de primaria de Zijemlje, en particular). No existen pruebas de estos horrores, a pesar de que algunos habitantes de la región han sido condenados por la Corte Penal Internacional. La única prueba tangible de la guerra aquí son los paneles que avisan de la presencia de minas. Así que, si te apetece venir, no se te ocurra salir de las pistas transitables.

DONJA DREŽNICA

▶ **Situación** – Donja Drežnica, 700 habitantes, pertenece al municipio de Móstar. El pueblo está situado a 24 km al sur de Jablanica (M-17 y carretera local) y a 34 km al noroeste de Móstar (M-17 y carretera local).

▶ **Descripción** – En el valle del Drežanka, un afluente del Neretva, se llega a este pueblo de media montaña (250 m de altitud) cruzando el primer puente después de Čitluk, a la izquierda, viniendo de Móstar. Donja Drežnica es famoso por sus vestigios medievales. En efecto, aquí se descubrió la inscripción de Mastan Bubanjić (Natpis Mastana Bubanjića): una piedra grabada con el nombre de este duque del siglo XIV, y de sus dos hijos, Radoslav y Miroslav, que demuestra sus vínculos de soberanía con la ciudad-estado de Ragusa (Dubrovnik). En lo alto del pueblo, en Crkvina, se alza una necrópolis de finales del siglo XIV que agrupa las ruinas de una capilla y 17 stećci de la Iglesia de Bosnia (o movimiento bogomil) con cuatro bellas cruces de piedra grabadas con armas, cruz, personajes y un jinete. Alrededor del pueblo hay bonitos lugares donde darse un baño (fresco), y el río está repleto de truchas. La carretera continúa hacia el oeste durante 14 kilómetros, bordeando el Drežanka, con paisajes realmente montañosos hasta Gornja Drežnica (1000 hab. – 508 m de altitud). Esta localidad es una de las entradas al Parque Natural de Blidinje (Park Prirode Blidinje), que se extiende sobre 364 kilómetros cuadrados, con el lago del mismo nombre y el monte Čvrsnica, de 2228 metros de altitud.

BLAGAJ

▶ **Ubicación** – Blagaj (Благај) tiene unos 2500 habitantes, la mayoría bosníacos (98 %), y pertenece al municipio de Móstar. El pueblo se encuentra a 18 km al sureste de Móstar (vía Buna).

Descripción – Blagaj es un encanto, tanto por su entorno natural como por su patrimonio. Desde la época otomana, este pueblo ha sido uno de los principales centros del sufismo, la rama mística del islam, en Bosnia y Herzegovina. Los derviches eligieron bien su ubicación, ya que el tekke de Blagaj (el lugar de culto sufí más famoso de los Balcanes) está instalado justo al lado del nacimiento del río Buna. Estos dos monumentos, uno natural y otro *espiritual*, forman un conjunto único. Por ello, Blagaj está en la lista indicativa de la Unesco desde 2017, con vistas a su posible inclusión en el Patrimonio Mundial. Para completar esta postal, el nacimiento del Buna está dominado por un alto acantilado plagado de fortificaciones medievales: un lugar habitado desde el Neolítico y que en su día fue la capital de Herzegovina. A pesar de los bombardeos del ejército yugoslavo en 1992, y luego del Comité de Defensa Croata en 1993, el pueblo se ha conservado bien (o reconstruido), sobre todo las antiguas residencias otomanas que bordean el Buna. Una de ellas alberga ahora una acogedora casa de huéspedes. Pero aquí hay sobre todo campings.

■ FORTALEZA DE BLAGAJ ⭐⭐
Stjepan Grad

Esta fortaleza medieval, con sus murallas almenadas (Stari Grad Blagaj), ofrece espléndidas vistas de Blagaj, los meandros del Buna y el valle del Neretva. Parcialmente restaurada, se alza sobre la colina Hum, a 310 metros de altitud y 260 metros por encima del nacimiento del Buna. A pesar de haber sido recientemente restaurada, solo atrae a unos pocos visitantes debido a su difícil acceso. En el siglo XV, fue la sede del gran ducado de Esteban Vukčić y conservó el nombre local de «ciudad de Stjepan» (Stjepan grad). Se accede por carretera, a 1,5 kilómetros de la plaza principal, y después a pie por un sendero empinado (300 m) o uno más fácil (900 m).

La colina ha estado habitada desde el Neolítico y durante el periodo romano, ya que sirvió de puesto de observación fortificado desde el siglo V. El suroeste de la colina alberga la antigua ciudad fortificada, de la que aún quedan importantes ruinas. Fue erigida a partir de 948 por los príncipes serbios de la provincia de Zachlumie (o Hum), que abarca el sur de Herzegovina. Esta plaza fuerte desempeñaba un papel muy importante en el control de las comunicaciones de la gran vía comercial que corría junto al Neretva hasta el Adriático. Posteriormente, fue ocupada y ampliada por los soberanos de Bosnia, en particular por el gran duque Esteban Vukčić (1404-1466). Este noble serbio, que reinó sobre un vasto territorio independiente desde 1435 hasta 1448, tomó el título de Herceg, que daría el nombre de la actual Herzegovina. Ocupada por los otomanos a partir de 1465, Stjepan grad sirvió como guarnición hasta 1835, y sufrió importantes transformaciones en 1699 y 1827.

La fortaleza se extiende sobre dos hectáreas de terreno y se adapta perfectamente al relieve, por lo que no tiene una forma geométrica regular. Al este, la entrada principal está defendida por un primer bastión que domina la vía de acceso. Los muros de este bastión se elevan entre 12 y 14 metros de altura y miden entre 1,5 y 2 metros de grosor. La entrada estaba defendida por un segundo bastión y una puerta fortificada, ambos sólidamente construidos. La muralla principal de la parte oriental fue dañada por una explosión de un remanente de pólvora a finales del

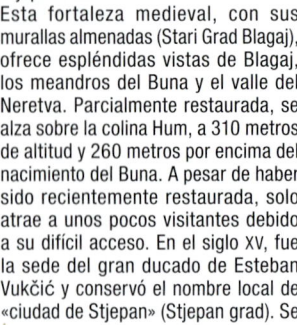

siglo XVIII o a principios del siglo XIX y solo fue reparada parcialmente. En el interior, las excavaciones realizadas a partir de 1965 han permitido descubrir las huellas de un antiguo palacio ducal del siglo XV, edificios bizantinos, tejas romanas y cerámica atribuida a los ilirios.

■ NACIMIENTO DEL RÍO BUNA ⭐⭐
Vrelo Bune

En el extremo oriental de Blagaj, este paraje (Vrelo Bune) es magnífico, con sus cascadas, una pasarela, sus antiguos molinos, el precioso tekke de Blagaj y la gruta Verde, de donde afloran las aguas frías y cristalinas del río Buna, al pie del acantilado de la colina Orlovača, de 200 metros de altura. Cuando la corriente no es demasiado fuerte, se puede entrar en la primera parte de la gruta Verde (Zelena Pećina), de 10 metros de profundidad, en lancha neumática

▶ **Resurgencia** – El Buna, un pequeño afluente del río Neretva, recorre nueve kilómetros por el exterior hacia el oeste y, probablemente, el doble a nivel subterráneo. El nacimiento es una resurgencia cuyas aguas provienen de una red hidrogeológica subterránea en el corazón del macizo kárstico del monte Velež. Por cierto, es una de las exsurgencias kársticas más potentes de Europa, con un caudal estimado en 43 000 litros por segundo. La red subterránea fue explorada a partir de 1996 por submarinistas de la Federación Francesa de Estudios y Deportes Submarinos (FFESSM). En varias campañas, remontaron 400 metros de longitud a profundidades entre 65 y 90 metros, con fuertes corrientes y falta de visibilidad. En esas condiciones, un submarinista francés del FFESSM perdió la vida en agosto de 2008.

▶ **Gruta Verde** (Zelena pećina) – A los pies del acantilado se encuentra la gruta donde afloran las aguas del Buna. El lugar sirvió de refugio a los hombres del Neolítico. Debe su nombre a la vegetación que se refleja en las paredes de la cueva a través del agua cristalina. Se compone de dos cuevas: la Pequeña Gruta Verde (Mala Zelena pećina), situada en la entrada y de diez metros de profundidad, y la Gran Gruta Verde (Velika Zelena pećina), que se esconde hacia el sur bajo el acantilado. Debido a las corrientes especialmente fuertes, el buceo está reservado a los profesionales. En cambio, puedes adentrarte en la gruta pequeña en bote neumático. La Gran Gruta se exploró a partir de 1955. Sirvió de refugio hacia el 4200 a. C., como demuestran los diferentes rastros de vida humana descubiertos aquí: restos de hogueras, sílex y huesos tallados, así como cerámicas que datan del 3000 al 2800 a. C. Hasta la década de 1960, la cueva también albergaba nidos de aves, como por ejemplo águilas, que desaparecieron a causa de la caza. Es por eso que ahora existen varias asociaciones que intentan reintroducir las águilas en la región.

■ TEKKE DE BLAGAJ ⭐⭐⭐
Vrelo Bune; ✆ +387 61 37 10 05
www.tekijablagaj.ba

Este tekke (Tekija Blagaj) del siglo XVII es uno de los monumentos más famosos del país, junto con el Puente Viejo de Móstar. Este «convento» sufí es el más bello de los cinco tekkes del período otomano que subsisten en el país. Goza de una ubicación magnífica, bajo el acantilado del afloramiento del río Buna. El tekke de Blagaj, lugar de peregrinación para los chiítas y suníes del mundo entero,

VISITA

acoge hoy una comunidad de derviches y un museo.

Historia

▶ **Un lugar representativo del sufismo**
El tekke fue fundado en el siglo XVII por el muftí de Móstar para acoger a los derviches de la gran fraternidad mística musulmana (*tariqa*) de la orden halveti. Aparece citado por primera vez en 1664 por el escritor Evliya Çelebi. Antes de la llegada de los otomanos (1454), el sitio habría acogido un importante lugar de culto de la Iglesia de Bosnia (los bogomilos) y quizás un templo romano durante la Antigüedad. La fraternidad más pujante del sufismo de los Balcanes durante el periodo otomano, los halvetis, prosperaron hasta el siglo XIX, atrayendo a muchos discípulos. El tekke se benefició también de la ayuda de los sultanes, en particular para servir de relevo al poder central durante el reinado de Ali Pasha Rizvanbegović, visir del Estado semiindependiente de Herzegovina (1833-1851). Pero la orden halveti experimentó un largo declive, en particular frente a la de Naqshbandiyya, una poderosa *tariqa* competidora, introductora de ideas reformistas que conducirían a la creación de la Turquía moderna (1923). Esta nueva fraternidad tomó posesión del lugar en el siglo XIX. El tekke permaneció activo hasta el fallecimiento del último baba (padre espiritual), el jeque Sejdo Šehović, en 1925.

▶ **Del olvido al renacimiento** – A partir de la Segunda Guerra Mundial, los tekkes del país fueron oficialmente clausurados y algunos destruidos, como el de Bentbaša, en Sarajevo (recientemente reconstruido). El tekke de Blagaj, salvado por el régimen comunista, cayó en el olvido hasta que a partir de 1974, la comunidad musulmana fue autorizada a reformar los edificios. El complejo se convirtió en un importante lugar de peregrinación, especialmente para el Al Mawlid (el nacimiento del Profeta). El edificio ha sufrido muchos daños desde su creación, no tanto por las guerras como por las caídas de rocas y ramas de los árboles procedentes del acantilado. Treinta años después de su reconstrucción, en 1851, el edificio fue destruido de nuevo por una enorme roca y reconstruido según el modelo original en 1891. Restaurado en 2011, acoge de nuevo una comunidad de derviches naqshbandiyyas provenientes de Turquía.

Visita

▶ **Complejo** – Está formado por varios edificios (alojamientos, antiguos baños turcos, sala de oración, etc.), de los que se ha transformado una parte para acoger a los visitantes (restaurante, tienda, café). Es un ejemplo único de arquitectura barroca otomana en Bosnia y Herzegovina, bastante abundante en Estambul, con las mezquitas Nuruosmaniye (1755) y Laleli (1763).

▶ **Musafirhana** – Esta «casa de acogida» alberga hoy el museo. En parte incrustada en el acantilado del afloramiento del Buna, se construyó antes de 1664 y fue reconstruida en 1851. Se le añadió un porche en la primera planta que domina el río y sirve aún hoy para la oración y los cantos religiosos. En esta pequeña sala llamada *semahana* se puede asistir a veces al *zikr*, una práctica colectiva o individual de las más emblemáticas del sufismo. Estos cantos rítmicos y repetitivos suelen ir acompañados de tambores. Sirven para conducir a los

© STEFAN_LEITNER - SHUTTERSTOCK.COM

Tekke de Blagaj.

participantes a un estado de éxtasis. Se trata de composiciones de los grandes poetas místicos musulmanes transmitidas de forma oral desde el siglo XV.

Tumba (*turbe*) – El complejo también cuenta con una tumba de seis metros de altura, que contiene los sarcófagos de Sari Saltik y de su discípulo Achik Basha. El primero fue un misionero turcomano de la hermandad Bektashi del siglo XIII, quien según la leyenda, había exigido que sus restos mortales fuesen depositados en ocho ataúdes y enviados a ocho países diferentes para islamizar a las poblaciones. Así, en los Balcanes hay actualmente otras dos tumbas de Sari Saltik, en Kruja (Albania) y en Kaliakra (Bulgaria).

PODVELEŽ ⭐

Ubicación – Podvelež/Подвележ tiene unos 150 habitantes, todos bosníacos, y forma parte del municipio de Móstar. El pueblo se encuentra a 24 km al sureste de Móstar (vía Blagaj).

Descripción – Con vistas a Móstar y Blagaj, a 764 metros de altitud, este pueblo goza de magníficos paisajes. Se encuentra en la meseta cárstica de Podvelež, que forma parte del macizo del monte Velež. Su nombre significa «cerca del Velež». Se compone de varias aldeas, la mayor de las cuales es Smajkići, a la que llegan los autobuses urbanos provenientes de Móstar. Aquí se encuentra el agradable hotel Montanaro y una pequeña mezquita de reciente construcción. Muchos edificios fueron destruidos durante la última guerra. La meseta de Podvelež fue ocupada por el ejército serbobosnio, que expulsó a los habitantes bosníacos y utilizó el lugar para bombardear Móstar. Solo ha regresado desde entonces una cuarta parte de la población, y en algunas zonas de la meseta aún quedan minas antipersona. A Podvelež se puede llegar en coche desde Blagaj, pero también por la impresionante carretera serpenteante que sale detrás de la estación principal de autobuses de Móstar (17 km). Este te permite detenerte en el mirador de Fortica, donde encontrarás la gran inscripción «BIH VOLIMO TE», visible desde Móstar, y el inicio de una impresionante tirolina. La carretera continúa hacia un parque eólico y a las ruinas del fuerte de Merdžan Glava.

■ **TIROLINA DE FORTICA** ⭐⭐
℅ +387 61 17 57 62
www.zipline.ba
Creada en 2018, esta tirolina (Zip Line Fortica) se encuentra a 6 kilómetros al este del centro de Móstar, siguiendo la sinuosa carretera que conduce a Podveležˇ. Permite pasar por encima del casco antiguo de Móstar, en un recorrido de mil metros, suspendido en el vacío y sujeto únicamente por una cuerda. El punto de partida está a 500 metros de altitud, justo encima del mirador de Fortica, señalizado con una gran bandera de Bosnia y Herzegovina y la inscripción «BIH VOLIMO TE», que domina la parte oriental de Móstar. Hay dos recorridos posibles. Uno hacia el sur, de 530 metros de longitud, y otro hacia el norte, de 470 metros, con una velocidad máxima de 90 km/h. Los puntos de llegada están situados en antiguas fortificaciones italianas de la Segunda Guerra Mundial. Cada salida va precedida de una breve sesión de entrenamiento, instrucciones en inglés y un recorrido de prueba en una tirolina de 20 metros de longitud. Proporcionan el equipo de seguridad (casco, arnés) y es posible realizar recorridos en tándem con un instructor. El regreso en vehículo al punto de partida está incluido en el precio. La actividad está supervisada por MBTA Mostar, una asociación de ciclismo de montaña. Esta asociación también dispone de una vía ferrata con un puente colgante de 70 metros de largo llamado Đavolje Stepenice (» Escaleras del diablo»), instalado por encima de los acantilados de Blagaj. La asociación también ofrece alquiler de bicicletas de montaña y eléctricas, sesiones supervisadas de escalada y rápel y alojamiento en un antiguo búnker italiano.

■ REGIÓN DE MEĐUGORJE ■

MEĐUGORJE

Ubicación – Međugorje/Међугорје tiene unos 2500 habitantes, el 99 % de los cuales son bosniocroatas. El pueblo pertenece al municipio de Čitluk (19 000 habitantes), en el cantón de Herzegovina-Neretva.

▶ **Descripción** – Desde 1981, este pueblo católico vive únicamente para la Virgen y sus repetidas apariciones. Aquí entra a raudales el dinero de los peregrinos de todo el mundo. Todo está organizado para ellos: grandes misas al aire libre, un pequeño Gólgota al que subir en medio del calor, hoteles de nivel internacional, tiendas de recuerdos y aparcamiento para autobuses. La mayoría de los 2,2 millones de peregrinos que pasan por Međugorje cada año vienen en grupos. Algo desconcertados, llegan al aeropuerto de Móstar (que casi solo funciona para ellos) o al puerto de Dubrovnik, tras pasar la noche en un ferri italiano. Muchos se imaginan que están en Croacia. Es cierto que aquí se puede pagar en kunas y que los lugareños no hacen nada por disipar cualquier duda. Al fin y al cabo, desde las primeras *apariciones* en 1981, Međugorje se ha convertido en una pequeña meca con un marketing bien perfeccionado, pero también en un símbolo para los que reclaman su paso a Croacia. En resumen, si sueñas con sentir el corazón de María latiendo al mismo tiempo que el tuyo, hay muchos lugares en la Tierra donde el espíritu es menos pesetero y menos nacionalista que aquí.

POČITELJ

Ubicación – Počitelj/Почитељ tiene unos 750 habitantes, de los cuales el 58 % son bosníacos y el 40 % bosniocroatas. El pueblo forma parte del municipio de Čapljina. Se encuentra a 4 km al noreste de Čapljina, a 23 km al oeste de Stolac y a 30 km al sur de Móstar.

▶ **Descripción –** Este es sencillamente el pueblo más hermoso de Bosnia y Herzegovina. Elegantemente enclavado en una ladera a lo largo de un amplio meandro del río Neretva, Počitelj es como un cuadro: antiguas casas de piedra otomanas rodeadas de vegetación, ruinas de murallas y bastiones, un laberinto de empinadas calles empedradas, tejados de pizarra, una magnífica mezquita con cúpula y una poderosa fortaleza en la cima. Este conjunto fue inscrito en la lista provisional de la Unesco en 2007, con vistas a una posible inclusión en la lista del Patrimonio Mundial. Pero Počitelj ha recorrido un largo camino: mientras los habitantes bosníacos (el 73 % de la población en 1991) eran deportados, casi todo fue destruido o saqueado por las fuerzas del Consejo de Defensa Croata (HVO) en el verano de 1993. Vacía y en ruinas durante diez años, el pueblo comenzó a renacer en 2003 gracias a la ayuda internacional. Sin embargo, las obras de restauración, excesivamente relamidas, le han hecho perder su pátina y autenticidad. La mayoría de sus habitantes viven ahora en la parte más nueva del pueblo, a doscientos metros al norte, mientras que solo unos veinte permanecen en la parte histórica.

VISITA

■ CASA GAVRAN KAPETAN

Počitelj bb; ℭ +387 36 82 64 71
www.ulupubih.com
Esta casa (Gavran Kapetanovića Kuća) es la más grande y hermosa de Počitelj. Cercana a la mezquita, fue construida en los siglos XVI y XVII para la poderosa familia Gavran Kapetanović. Aunque es típica del estilo de Počitelj, con su piso superior encalado y su tejado de pizarra, se distingue por sus nueve ventanas en la fachada y su sección central con ménsulas. Fue restaurado durante el periodo socialista para albergar la Colonia Internacional de Arte Počitelj (1961-1975) y ahora vuelve a utilizarse como espacio creativo.

■ MEZQUITA ŠIŠMAN IBRAHIM PASHA

Počitelj bb
Construida entre 1562 y 1563, también se conoce como mezquita Šišman Ibrahim Pasha (Šišman Ibrahim-pašina džamija). Ocupa el espacio central del pueblo y es uno de los más bellos ejemplos de la arquitectura otomana clásica en Bosnia y Herzegovina. Durante la destrucción de la ciudad en 1993, el edificio sufrió graves daños, ya que la

cúpula de plomo y el minarete desaparecieron completamente. La mezquita fue reconstruida según los planos originales entre 2000 y 2004.

▶ **Visita** – El edificio forma un cuadrado de 12 metros de lado, con paredes de piedra de 1,10 metros de grosor. De acuerdo con el plan otomano clásico, esta estructura está coronada por una gran cúpula de plomo (15 metros de altura) y precedida de un porche con tres cúpulas. El minarete de 32 metros de altura ha sido reconstruido recientemente, pero ha conservado su base de 12 lados del siglo XVI. La entrada está decorada con magníficas puertas coronadas por un pórtico finamente tallado. En el interior, la decoración del siglo XVIII se ha conservado en gran parte a pesar del derrumbe de la cúpula: ricas ornamentaciones, *muqarbas* (nichos esculpidos) y oberturas de vitrales coloreados. Sin embargo, el gran *minbar* y, situada junto a él, la *mihrab* (la dirección hacia La Meca) han tenido que ser reconstruidos, al igual que el *mahfil* (sala del muecín).

▶ **¿Peregrinos o héroes?** – La mezquita se conoce con dos nombres, los de los dos benefactores de Počitelj, de los que no se sabe casi nada. Así, se llama mezquita Hadži Alija en honor a Ali Mujezinović. Lleva el título de *hadj*, lo que indica que peregrinó a La Meca. Fue él quien construyó la mezquita en el siglo XVI. Pero no se sabe nada más, salvo que su apellido es muy corriente en Bosnia y Herzegovina. El otro nombre de la mezquita es el de Šišman Ibrahim Pasha, en referencia a un líder jenízaro del siglo XVII que sirvió en Oriente Próximo y murió en Egipto en 1677. Apodada localmente como «El héroe» (*Čelo*), la leyenda cuenta que nació aquí en la pobreza y que luego escaló todos los escalafones de la jerarquía del Imperio hasta convertirse en visir (ministro) del sultán. Aunque algunos historiadores dudan de esta versión, muchos edificios otomanos del pueblo han sido bautizados en su honor.

ČAPLJINA

▶ **Ubicación** – Čapljina/Чапљина tiene unos 6100 habitantes. Es la capital del municipio de Čapljina (27 000 habitantes), en el cantón de Herzegovina-Neretva. La villa está situada a 34 km al suroeste de Móstar.

▶ **Descripción** – La antigua ciudad iliria de Ardiaei apenas tiene interés en la actualidad, salvo como puerta de entrada a la cercana Croacia. Marcada por una triste arquitectura heredada del periodo socialista, esta pequeña localidad fronteriza tiene una gran mayoría de habitantes bosniocroatas (cerca del 80 %, frente al 53 % en 1991). Las demás comunidades fueron expulsadas o deportadas durante el último conflicto, mientras que el patrimonio otomano fue destruido. Por otro lado, hay unas cuantas bodegas y hermosos lugares para visitar en la zona.

■ **YACIMIENTO ARQUEOLÓGICO DE MOGORJELO**

✆ +387 36 80 61 47;www.capljinka.ba
Este yacimiento de 7,6 hectáreas (Archaeological Nalazište Mogorjelo) se encuentra a un kilómetro al sur de Čapljina, entre los ríos Neretva y Trebižat. Alberga los restos del *castrum* de Bigeste-Turres, un campamento militar romano que servía de escala entre Salona/Split (Croacia) y Scodra/Shkodra (Albania). Es un lugar agradable para visitar, con árboles que dan sombra y, justo al lado, un restaurante y el centro

© TOURISM ASSOCIATION OF BOSNIA AND HERZEGOVINA

Yacimiento Arqueológico de Mogorjelo.

VISITA

Unos cincuenta años más tarde, cuando la región estaba bajo control bizantino, Mogorjelo se transformó en una aldea: se construyeron dos basílicas y los edificios de la granja se convirtieron en viviendas. El lugar estuvo ocupado durante mucho tiempo, y acabó utilizándose como cementerio en el siglo XIX. La *villa rustica* sigue siendo fácil de identificar. Orientada hacia el sureste, consta de cuatro alas que forman un rectángulo de 50x40 metros, rodeado actualmente por hileras de árboles. Al noreste se pueden ver los cimientos de las dos basílicas (siglos V-VII). Ambas constan de una sola nave y se construyeron en paralelo, como las iglesias dobles del período paleocristiano en Dalmacia.

ecuestre de Vranac, que ofrece paseos a caballo. El *castrum* fue fundado por un colono italiano a mediados del siglo I siguiendo el modelo de una *villa rustica,* una residencia combinada con una granja. La granja abastecía a Narona/ Vid (Croacia). En el siglo III, el complejo se amplió para formar un *latifundium,* una gran granja. Hacia el año 401, pasó a manos de un jefe de clan visigodo.

HUTOVO BLATO

Creada en 1995, esta zona protegida (Parque Prirode Hutovo Blato) abarca 74 km^2. Situado en la ruta principal de las aves migratorias entre Asia, África y Europa Occidental, este humedal es la mayor reserva ornitológica del país. Desde 2001, figura en la lista de la Convención de Ramsar sobre los Humedales de Importancia Internacional.

LITORAL

NEUM

Ubicación – Neum/Неум tiene unos 3500 habitantes, el 98 % de los cuales son bosniocroatas. Es la capital del municipio de Neum (4800 habitantes), dentro del cantón de Herzegovina-Neretva. La localidad se encuentra a 38 km al suroeste de Stolac (vía Hutovo) y a 48 km al suroeste de Čapljina.

▶ **Descripción –** Neum es la única localidad costera de Bosnia y Herzegovina. Y por una buena razón: tiene el único acceso al mar del país. Por ello, los promotores inmobiliarios han hecho su agosto, con la mayor concentración de hoteles de toda Bosnia y Herzegovina. Se trata de más de 20 000 camas en edificios poco atractivos, unos encima de otros, encajados entre colinas escarpadas y cinco pequeñas playas de guijarros, rocas, terraplenes y pontones de hormigón. Ni que decir tiene que en verano está lleno de gente, gente que busca un destino de playa barato: los precios son un 20 % más bajos que en las ciudades vecinas de Dalmacia. Para respirar un poco de aire fresco, puedes aventurarte por la península virgen de Klek o por el interior. Después de la adhesión de Croacia a la UE en 2013, había que encontrar una solución a la ruptura de la continuidad territorial. Desde 2022, el gran puente de Peljesac (2374 m de largo) permite a los vehículos que circulan por territorio croata circunvalar Neum a través de la península de Peljesac.

■ MUSEO-GALERÍA DE NEUM ⭐
Gospe od Zdravlja, 1
✆ +387 36 88 00 48
zupa-gospeodzdravlja.com
Este museo (Muzej i Galerija Neum) está instalado en la cripta de la iglesia de Nuestra Señora de la Salud. Alberga una pequeña pero rica colección arqueológica. Destacan dos cascos griegos o macedonios, lanzas y joyas de los siglos V-IV a. C., descubiertos en 2006 en la necrópolis de Vranjevo Selo (2,3 km al noreste). En el yacimiento también se encontró una moneda bizantina de oro bien conservada, acuñada durante el reinado de Romano III Argyros (1028-1034), así como una pequeña cruz de piedra con pedestal cónico, típica de la Dalmacia del siglo IX.

■ PENÍNSULA DE KLEK ⭐
Esta península (Poluostrvo Klek) se adentra 6,5 kilómetros en el Adriático, entre la aldea de Jazina, al sureste, y el cabo de Rep Kleka, al noroeste. Comienza

a 2,5 kilómetros al sur del centro de la ciudad de Neum y abarca la mayor parte de los 21,2 kilómetros de costa de Bosnia y Herzegovina. Estrecha (600 metros de anchura media), casi deshabitada y cubierta de pinos, esta península forma al norte la bahía bosnia de Neum-Klek, donde se ha desarrollado una importante industria de cultivo de mejillones, que pueden encontrarse en el menú de muchos restaurantes de Neum. Al sur, la península limita con la bahía de Mali Ston y los islotes bosnios de Veliki Skolj (7624 m²) y Mali Skolj (800 m²). El primero es una propiedad privada deshabitada. El segundo está parcialmente cubierto por el mar. A una distancia de unos 1200 metros de la costa se halla la gran península croata de Peljesac, de 65 kilómetros de longitud. Esta cierra completamente el acceso al mar abierto a los navegantes de Bosnia y Herzegovina.

❯ **Dos playas y una aldea de pescadores.** Se puede acceder fácilmente en coche a la península de Klek desde las aldeas de Jazina y Kamenica, por una carretera que bordea la costa norte. En primer lugar aparece la playa de guijarros de Jazina, de unos 150 metros de largo, con cafetería y alquiler de tumbonas en verano. Estrecha y no muy bonita, está bordeada por una carretera, pero es más tranquila que las playas de Neum. A continuación, la carretera principal atraviesa casi toda la península. A la mitad, a mano izquierda, parte un sendero que conduce a la costa sur y a la pequeña playa de Tanko Sedlo. Rocosa y dominada por un restaurante, es la playa menos frecuentada de la costa bosnia. De vuelta a la carretera, se llega a la pequeña bahía de Lopata, donde se localiza la aldea pesquera de Opuce, con criaderos de

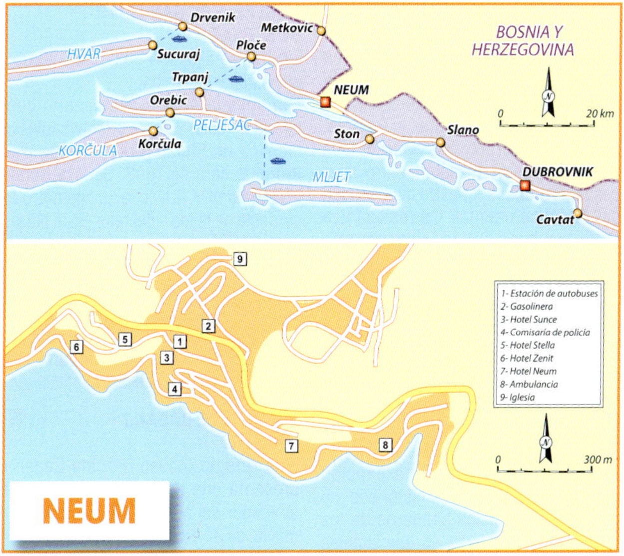

BOSNIA Y HERZEGOVINA

0 20 km

HVAR
Drvenik
Sucuraj
Metković
Ploče
Trpanj
Orebic
NEUM
PELJEŠAC
Ston
Slano
KORČULA
Korčula
MLJET
DUBROVNIK
Cavtat

1- Estación de autobuses
2- Gasolinera
3- Hotel Sunce
4- Comisaría de policía
5- Hotel Stella
6- Hotel Zenit
7- Hotel Neum
8- Ambulancia
9- Iglesia

0 300 m

NEUM

VISITA

mejillones y una granja de acuicultura. La península termina a unos 400 metros al noroeste, en el cabo Rep Kleka. Debido a la densa vegetación y a lo escarpado del terreno, no se puede acceder a este cabo por tierra. Da a la costa croata, a unos 700 metros de distancia. Desde Opuće se ve, de este a oeste, el puesto fronterizo de Klek, el pueblo croata de Klek y el cabo Komarna, desde donde sobresale el puente atirantado de Pelješac (2374 m de longitud). Terminado en 2022, tras quince años de complicadas obras y varios escándalos, este puente permite a los croatas y a los ciudadanos de la Unión Europea llegar a Dubrovnik y a la parte sur de Croacia sin pasar por Bosnia y Herzegovina.

STOLAC ★★★

▶ **Ubicación** – Stolac/Столац tiene una población de unos 3900 habitantes, de los cuales el 69 % son bosníacos y el 23 % bosniocroatas. Es la capital del municipio de Stolac (14 000 habitantes), en el cantón de Herzegovina-Neretva. La localidad se encuentra a 26 km al este de Čapljina y a 38 km al noreste de Neum.

▶ **Descripción** – Enclavada en el verde valle del río Bregava, Stolac es una localidad aún marcada por la última guerra y dividida entre bosníacos y bosniocroatas. Pero cuenta con un patrimonio increíblemente rico, empezando por la necrópolis medieval de Radimlja, la más prestigiosa de las veintiocho necrópolis balcánicas incluidas en 2016 en la lista del Patrimonio Mundial de la Unesco. La localidad y sus alrededores figuran en la lista indicativa de la Unesco desde 2007. Bien situada entre Móstar y Trebinje, Stolac bien merece una visita de dos días. Aquí podrás descubrir, entre otras cosas, el grabado rupestre más antiguo del Adriático oriental, impresionantes fortificaciones ilirias, una enorme fortaleza en el centro de la ciudad, una buena colección de molinos, cascadas y villas otomanas a lo largo del río Bregava, y mucho más. Aún se están desarrollando las estructuras turísticas, pero ahora ya hay dos *oficinas de turismo* y el primer hotel, así como una amplia gama de opciones de alojamiento en casas de familia.

▶ **Advertencia** – Con la excepción del acceso a los lugares históricos, no camine solo por los senderos de los alrededores de Stolac, ya que algunas zonas todavía están minadas desde la década de 1990.

■ CASCADA DE PROVALIJE

Banovinka

La cascada del «precipicio» (Vodopad Provalije) es la más bella del río Bregava. Se encuentra a 900 metros al noreste de la torre del reloj. Aquí, el río da un salto de unos 7 metros de altura y 50 metros de anchura, con un delicioso estruendo. El lugar es magnífico y se puede disfrutar de la vista desde el restaurante Ljetna Bašta Old Mill (en la orilla derecha, río abajo) o desde la pizzería Nota (en la orilla izquierda, río arriba). Al norte del pueblo, por encima de las villas Begovina y junto al molino Poplašić, el río Bregava genera otra hermosa cascada, la de Pjene («los musgos»).

■ IGLESIA DE SAN ELÍAS DE STOLAC

Trg Svetog Ilije; ✆ +387 36 85 30 05
www.zupa-stolac.ba

Flanqueada por un campanario con tejado de color rojo, la principal iglesia católica de Stolac (Crkva Svetog Ilije Proroka) data de 1902. Se alza frente al estadio HNK Stolac, a un kilómetro al suroeste de la torre del reloj. En la plaza, un gran pedestal acoge desde 2012 una estatua contemporánea de bronce de 3,5 metros de altura del profeta Elías, obra del artista croata Kuzma Kovačić. Alrededor del 20 de julio se celebra aquí la fiesta bosniocroata de san Elías, con misas, cantos, bailes, desfiles, etc.

■ CUEVA DE BADANJ

Borojevići

Este refugio rocoso (Pećina Badanj) presenta una talla en roca realizada alrededor del año 12 000 a. C. El yacimiento sirvió de refugio a cazadores-recolectores en dos épocas distintas, entre el 18 000 y 12 000 a. C. Se encuentra a media altura de una colina de 115 metros de altura, sobre el río Bregava, a 7 kilómetros al suroeste de Stolac. El grabado (de unos 60x35 centímetros) aparece en una piedra desprendida de la pared. Representa los cuartos delanteros de un caballo o de un ciervo alcanzado por varias flechas. Esta figura, común al arte paleolítico mediterráneo, es el grabado rupestre más antiguo de los Balcanes.

■ ISLA DE STOLAC

Bregava

Esta isla (Ada) está formada por dos brazos del río Bregava, a 250 metros al oeste de la torre del reloj. Se extiende desde la piscina al aire libre Kupaje (al noreste) hasta la mezquita Podgradska (al suroeste), con una longitud aproximada de 400 metros y una anchura media de 70 metros. Fue el lugar de residencia de la élite musulmana de la ciudad durante el periodo otomano. Lamentablemente, la mayoría de las hermosas casas fueron destruidas por las fuerzas bosniocroatas en 1993. Rodeada de vegetación, la isla es uno de los lugares favoritos de los lugareños para pasear en verano.

■ CASA MAK DIZDAR
Ruđera Boškovića
℗ +387 62 42 36 94
www.makdizdar.ba
Creada en 1997, esta bonita casa-museo (Makova Hiža) permite seguir el recorrido por los stećci de Stolac. Está dedicado al poeta y escritor bosnio Mak Dizdar (1917-1971), natural de Stolac, que hizo de las tumbas medievales bosnias uno de los elementos centrales de su obra. A pesar de ser uno de los autores bosnios más grandes del siglo XX (su retrato aparece en billetes convertibles de 10 marcos), apenas es conocido en el extranjero. En su poemario *Kameni Spavač* (*El durmiente de piedra*), publicado por la editorial croata Le Pont en 1970, el autor se inspira en los stećci, sus enigmáticas figuras y sus mensajes en alfabeto bosančica para ahondar en las raíces de la historia bosnia y lanzar un mensaje de paz y tolerancia. Este es el espíritu que anima la agradable casa de estilo otomano que aquí se le dedica. En el exterior, el jardín y el patio están decorados con réplicas de stećci, inscripciones en bosančica, un gran friso *de kolo* (danza en la que los participantes no se cogen de la mano) y una escena de caza de ciervos. En el interior, hay una reproducción del despacho del poeta en Sarajevo, parte de su biblioteca y una

serie de fotos, entre ellas de algunos stećci. La casa está gestionada por la Fundación Mak Dizdar, que organiza el festival Slovo Gorčina en Stolac a finales de julio y principios de agosto.
La casa-museo está a 450 m al sureste de la torre del reloj por la calle Ruđera Boškovića (carretera nacional M-6).

■ MEZQUITA PODEGRSKA
Hrvatskih Braniteljka
La «mezquita bajo la ciudad», construida en 1732-1733, resultó severamente dañada por las crecidas del río a principios del siglo XIX, por lo que se edificó una nueva en el mismo emplazamiento por orden de Ali Pasha Rizvanbegović, el futuro visir de Herzegovina, entre 1812-1813. Fue diseñada según un modelo inusual, con los puestos de los comerciantes en la planta baja y la sala de oración en la primera. Destruida en 1993, su réplica se inauguró en 2010. La mezquita debe su nombre a su ubicación, bajo la antigua ciudad alta

Mezquita Podegrska.

de la fortaleza. Se encuentra junto a la carretera principal, 600 metros al suroeste de la torre del reloj.

▶ **Puente Podgradska** (Podgradska Ćuprija) – Al lado de la mezquita. Este puente de piedra de 26,50 metros de largo fue construido en el siglo XVIII y renovado en 1898. Transitable en coche, permite acceder a la estación de autobuses y al restaurante Behar, en la orilla derecha.

■ MOLINOS DEL BREGAVA

Banovinska

Si remontas el río Bregava desde el puente Inat, te toparás con una docena de antiguos molinos de la época otomana que estuvieron en funcionamiento hasta el siglo XX. Todos fueron destruidos o dañados en 1993 y reconstruidos entre 2010 y 2014 gracias a la ayuda de la Unión Europea. Situados en brazos del río Bregava, estos edificios de piedra cubiertas de esquisto tienen entre 5 y 22 metros de longitud. Cada arco corresponde generalmente al emplazamiento de una rueda hidráulica y un sistema de brocado o batán.

Un poco más allá del puente Inat, el molino de Mehmedbašić (Mehmedbašiča Mlinica) tiene diez arcos sobre los que descansaban nueve ruedas hidráulicas y la cámara del molinero. A unos 70 metros al noreste, junto al tekke Nakšibendi, el molino Elezović (Elezovića Mlinica) está construido sobre un brazo del río Bregava y tiene ocho arcos. Unos cincuenta metros río arriba, en el mismo ramal, el complejo Turković-Leto (Kompleks Mlinica Turković i Leto) consta de dos molinos con cinco arcos que eran explotados por dos familias. Enfrente, en la orilla izquierda, se encuentra la playa de Kreševac (plaža Kreševac), un bonito

lugar para bañarse bajo una pequeña cascada. Más arriba, bajo las hermosas cascadas de Provalije, el complejo de Buzaljko (Kompleks Mlinica Buzaljko) consta de cuatro molinos, el mayor de los cuales tiene siete arcos y alberga el restaurante Ljetna Bašta Old Mill. A continuación, hay que caminar quinientos metros río arriba para descubrir los cuatro arcos del molino Rizvanbegović (Mlinica Rizvanbegovića), que formaba parte del complejo de villas Begovina. Por último, en lo más alto, el molino Poplašić (Mlinica Poplašića) tiene tres arcos.

■ NECRÓPOLIS DE BOLJUNI ⭐⭐

Bjelojevići; ℂ +387 63 44 02 83

El lugar (Nekropola Stećaka Boljuni) figura entre las 22 necrópolis medievales del país declaradas Patrimonio de la Humanidad por la Unesco en 2016. Alberga 274 *stećci*, 90 de ellos decorados. Los investigadores estiman que Boljuni fue el principal centro de producción artística de *stećci* entre mediados del siglo XIV y principios del siglo XVI, época en que el lugar se usó para las inhumaciones. Como en la mayoría de las necrópolis medievales del este de Herzegovina, las tumbas se alinean en hileras orientadas hacia el oeste.

▶ **Decoraciones y firmas** – En las *stećci* decoradas con bajorrelieves aparece una amplia variedad de motivos: escenas de caza, espadas, flores de lis y rosas, espirales y rosetas, símbolos heráldicos (medias lunas y puntos) o, la *kolo,* danza en círculo tradicional de los Balcanes. Algunos son exclusivos de Boljuni: mujer con un niño en sus brazos, león, animales mitológicos como el dragón, jefe de clan que cabalga un ciervo. Otra característica del sitio: una veintena de *stećci* están firmadas por maestros escultores, en particular Grubač, activo en los años 1440-1460 y considerado el mejor artista en este ámbito. También figura el nombre de su discípulo, Semorad.

■ NECRÓPOLIS MEDIEVAL DE RADIMLJA ★★★

M-6, Radimlja; ✆ +387 36 81 90 43 www.radimlja.ba
Este yacimiento arqueológico (Nekropola Stećaka Radimlja) alberga 133 *stećci* de los siglos XIV y XV, típicas lápidas medievales tardías de Bosnia y Herzegovina. Es la más prestigiosa de las 28 necrópolis medievales de los Balcanes (22 de ellas en Bosnia y Herzegovina) incluidas en la lista del Patrimonio Mundial de la Unesco en 2016. Lo que lo hace tan excepcional es su riqueza decorativa. En él llama especialmente la atención un motivo en particular: el hombre con la mano levantada.
Junto con el Puente Viejo de Móstar, este yacimiento es uno de los grandes iconos del turismo bosnio. De fácil acceso, la necrópolis se encuentra a 3,2 km al noroeste de Stolac, en la carretera hacia Čapljina y Móstar. Radimlja es también la única necrópolis medieval de los Balcanes que está vigilada, y su visita es de pago. La sede principal de la Oficina de Turismo de Stolac se encuentra a la entrada del yacimiento. Ofrece visitas guiadas a las necrópolis de Radimlja y Boljuni, ambas Patrimonio de la Humanidad.

Historia

La necrópolis se extiende a lo largo del río Radimlja, afluente del Bregava. Forma parte de una zona marcada por la presencia de otros lugares de enterramiento de distintas épocas: una necrópolis iliria bajo las murallas de la antigua ciudad de Daorson, un cementerio de la época otomana junto a la iglesia de los Santos Pedro y Pablo y el antiguo lugar de peregrinación judía (siglos XIX-XX) de la tumba de Moshe Danon. También se halla próxima a la cueva de Badanj, que alberga el grabado rupestre más antiguo de los Balcanes.

VISITA

Necrópolis medieval de Boljuni.

Visita

La piedra caliza utilizada aquí procede de una cantera situada 800 metros al noroeste, bajo el yacimiento arqueológico de Daorson, cerca de la antigua residencia de la familia Hrabren Miloradović. Limpiadas y restauradas desde la década de 2000, son significativamente más ligeras que las lápidas de otras necrópolis del país.

▶ **Orientación** – Dividido en dos por la carretera M-6, el lugar se distingue por diferentes características. En primer lugar, las *stećci* están orientadas hacia el sudeste, mientras que en las demás necrópolis de los alrededores normalmente están orientadas hacia el oeste. Además, no están alineadas, sino que forman pequeñas hileras separadas o con un número de elementos dispar.

▶ **Formas** – Hay una amplia gama de formas que ofrecen un resumen de cuatro siglos de evolución de las *stećci*. Aquí se encuentran «losas», la forma más extendida a partir del siglo XII, «cofres», aparecidos a mediados del siglo XIV, estructuras acabadas «en hastial», utilizadas desde principios del siglo XV, raras «cruces antropomorfas», modelo adoptado a mediados del siglo XV, así como «pilares», la última evolución a finales del siglo XV. Esta gran variedad se ve acentuada por tamaños muy diferentes y también por el uso de un pedestal en el caso de 61 *stećci* o por un estilo muy cuidado en 20 casos.

▶ **Ornamentación** – Casi la mitad de las *stećci* (63) están decoradas con bajorrelieves y/o grabados. Esto hace de Radimlja una de las necrópolis medievales de los Balcanes más «decoradas». Al igual que en Boljuni, esto demuestra el rango que ostentaban los difuntos entre la sociedad local. Las piedras más finamente esculpidas son los cofres y, sobre todo, las estructuras que tienen techo con hastial. Estas últimas, también llamadas casas eternas, son nueve, de las cuales cinco están colocadas sobre un pedestal. Están decoradas con frisos vegetales o cintas trenzadas, así como con motivos simbólicos muy diversos: soles, estrellas, medias lunas y cruces estilizadas, escudos, espadas, arcos y flechas. Las representaciones figurativas son también muy numerosas: hombres y mujeres en escenas de juegos o danzas (*kolo*), caballeros combatiendo o cazando, caballos y animales salvajes.

▶ **Hombre con la mano alzada** – Es el motivo más famoso de Radimlja, reproducido en un gran cofre y dos estructuras con techo con hastial. Dado que el gesto de la mano derecha sobredimensionada suele interpretarse como una señal de lealtad de un caballero hacia su señor feudal, el motivo se ha denominado vaivoda (*vojvoda*). Sin embargo, algunos historiadores aventuran otra hipótesis: podría ser una representación de san Guido (*sveti Vid*), la figura tutelar de los ortodoxos de la región. Es bastante lógico si tenemos en cuenta que la élite arrumana local era ortodoxa. Existen otras teorías más esotéricas, pero a falta de fuentes fiables, el misterio del hombre con la mano alzada sigue sin resolverse.

▶ **Inscripciones** – El cementerio es bastante pobre en este ámbito, especialmente si se compara con la necrópolis vecina de Boljuni. Solo cinco *stećci* contienen epitafios. Son muy cortos y están redactados en alfabeto bosnio (derivado del cirílico).

TREBINJE ⭐⭐

Ubicación – Trebinje/Требиње tiene una población de unos 25 000 habitantes, de los cuales el 93 % son serbo-bosnios y el 3 % bosníacos. Es la capital del municipio de Trebinje (31 000 habitantes), dentro de la República Srpska. La ciudad se encuentra a 33 km al noreste de Durbovnik (Croacia, vía Ivanica) y a 39 km al noreste de la desembocadura de Kotor (Montenegro).

▶ **Descripción –** Trebinje es la ciudad más agradable y turística de la República Srpska, y también la más meridional de todo el país. Situada en la frontera de Croacia y Montenegro, en el valle del Trebišnica y a los pies de las montañas kársticas dominadas por el monte Leotar (1228 m), goza de un clima mediterráneo, con 260 días de sol al año y una hermosa temporada baja. Con sus numerosos hoteles, su hermosa plaza Platanian rodeada de terrazas de cafés y su muy activa oficina de turismo, Trebinje es un buen punto de partida para explorar dos importantes lugares vecinos declarados Patrimonio de la Humanidad por la Unesco: la ciudad de Dubrovnik, en la costa dálmata, y las bocas de Kotor, en la costa montenegrina. Su situación geográfica también hace que cuente con numerosas fortalezas heredadas de distintos ocupantes, empezando por la antigua ciudad otomana, abandonada en gran parte por sus habitantes bosníacos desde la última guerra.

■ **MONASTERIO DE TVRDOŠ** ⭐⭐
✆ +387 59 24 68 10; www.tvrdos.com
Fundado en el siglo XIII, este complejo (Manastir Tvrdoš/Манастир Тврдош) es el monasterio ortodoxo serbio más importante de Bosnia y Herzegovina. Situado a orillas del río Trebišnjica, 6 km al oeste de Trebinje, debe su nombre a su reputación de «lugar duro» (*tvrdoš*) e inexpugnable. Es famoso por sus reliquias y sus viñedos (150 hectáreas). Fundado durante el reinado del rey serbio Stefan Milutin (1282-1321), fue destruido por los venecianos en 1664. Reconstruido en 1928 y renovado en 1999, su arquitectura es pseudomedieval. La entrada está custodiada por una torre y un edificio fortificado con tejado de pizarra. A continuación se accede al *catholicon* (edificio litúrgico principal), rematado por una cúpula oval montada sobre un tambor. Los edificios anexos (alojamiento, tesorería, talleres, etc.) están dispuestos elegantemente en arco al norte del *catholicon*. En su interior, unos paneles de cristal revelan los restos de una iglesia bizantina del siglo IV. Los frescos, terminados en el año 2000, están inspirados en el siglo XIV, la edad de oro de Serbia. En la parte alta hay un retrato de la neomártir Milica Rakić, una niña de tres años asesinada en Belgrado durante los ataques de la OTAN en 1999. Y entre las reliquias, la más preciada es la mano de santa Elena de Anjou (1237-1314), francesa convertida a la ortodoxia y madre del rey Milutin. Por último, en las bodegas (a la derecha del *catholicon*), se pueden degustar algunos vinos bastante robustos, elaborados con uvas žilavka o liliorila para los blancos y vranac (60 % de la producción) o cabernet sauvignon para los tintos.

■ **PUENTE ARSLANAGIĆ** ⭐⭐
Obala Mića Ljubibratića
Este elegante puente otomano del siglo XVI (Arslanagića Most/

VISITA

Арсланагића Мост) cruza el río Trebišnjica 1,1 kilómetro al noreste del casco antiguo. Pero no siempre estuvo ahí... Se construyó en 1574 en Arslanagić, un pueblo (parcialmente enterrado) a 5 kilómetros río arriba, y se trasladó aquí en 1972, tras la construcción de una presa hidroeléctrica. Aún así, conserva su arquitectura original: un tablero de 80 metros de largo y cuatro arcos semicirculares (dos grandes en el centro y dos más pequeños apoyados en las orillas). El puente fue financiado por Mehmed Pasha Sokolović, gran visir del Imperio otomano de origen bosnio, responsable también del puente de Višegrad. El puente, que servía de enlace entre Herzegovina y el puerto montenegrino de Herceg Novi (40 km al sureste), quedó bajo la protección de la familia bosnia Arslanagić, que le dio nombre al puente y al pueblo que lo cruza. Al final de la Segunda Guerra Mundial, los chetniks serbios volaron la sección central para escapar del avance de los partisanos de Tito. La estructura reconstruida sufrió más daños en 1965, cuando el Estado yugoslavo la convirtió en un puente de carretera. Posteriormente se trasladó aquí piedra a piedra de 1966 a 1972. Durante la guerra de 1992-1995, en pleno frenesí nacionalista serbio, el municipio rebautizó la estructura con el nombre de Perović en honor al pueblo vecino. También conocido como puente de Mehmed Pasha (Mehmed-Paša Most), en la actualidad la mayoría de los residentes se refieren a él más a menudo por su nombre histórico (Arslanagića Most).

■ **CASCO ANTIGUO DE TREBINJE**
⭐⭐
Stari Grad
heritage-bih-mne.com/en
Este barrio fortificado de 2,5 hectáreas (Stari Grad/Стари Град) forma el casco histórico de Trebinje. También conocido como *Kastel*, es agradable con sus calles adoquinadas, cafés, casas de piedra, la torre del reloj y dos

© DRAGANICA / ADOBE STOCK

Monasterio de Tvrdoš.

mezquitas reconstruidas. Los bosníacos, que antaño eran mayoría aquí, fueron expulsados entre 1991 y 1993. Las mezquitas fueron arrasadas y las casas saqueadas o incendiadas. A pesar de su reconstrucción, que concluyó en 2019, muy pocos de sus antiguos habitantes han regresado.

El barrio había sido creado por los otomanos tras la ocupación veneciana de 1694-1699. Las obras fueron financiadas por el oficial bosnio Osman Pasha Resulbegović, quien también trazó los planos: un triángulo irregular que daba al río Trebišnjica por el este. El casco antiguo estaba delimitado al noreste por un canal, que se rellenó en 1928. Las murallas, terminadas en 1728, delimitan el resto del barrio. Frente a la plaza principal, la puerta Oeste es el pasaje más transitado, con una galería que atraviesa las murallas. En el exterior, el muro sur está adornado con una estatua de la reina y santa serbia de origen francés Hélène d'Anjou (1237-1314), donada por el poeta Jovan Dučić en la década de 1930. En el interior, cerca de la puerta Sur, los turistas serbios y serbobosnios acuden en masa a la *puerta Angélica*, un pasadizo cerrado entre dos callejones donde se rodó un episodio de *Ranjeni Orao* (*Águila herida*), una exitosa serie de televisión serbia de la primera década del siglo XXI.

SUDESTE

La parte de la República Srpska que limita con Serbia y Montenegro es una de las regiones más bellas del país. También es una de las más pobres y menos pobladas. Entre «Višegrad la triste» y «Trebinje la coqueta» se encuentra solo una pequeña ciudad, Foča (12 000 habitantes), marcada también por la pesada atmósfera de la guerra (aunque cada vez menos asfixiante que en Višegrad). Es el principal punto de partida para explorar los grandiosos paisajes del cañón del Tara (en rafting) y del Parque Nacional de Sutjeska (a pie o en bicicleta de montaña).

PARQUE NACIONAL DE SUTJESKA   ★★★

▶ **Situación** – El Parque Nacional de Sutjeska ((Nacionalni Park Sutjeska/ Национални Парк Сутјеска) está situado en la República Srpska, en los municipios de Foča (al norte) y de Gacko (al sudoeste). Atravesado por la carretera nacional M-20, el parque cubre un área montañosa de 17 250 hectáreas a lo largo de Montenegro. En la entrada norte se encuentra el pueblo de Tjentište (Тјентиште), con 80 habitantes. Está situado a 27 km al sur de Foča, 34 km al noreste de Gacko (Гацко) y a unos 30 km en línea recta de la frontera montenegrina.

▶ **Descripción** – Es el más grande y antiguo de los parques nacionales (los otros dos son los de Una, cerca de Bihać, y el de Kozara, cerca de Banja Luka). Fundado en 1962, debe su nombre al Sutjeska, un río de 35 km de longitud, muy encajonado (*sutjeska* significa «cañón» o «garganta»), que desemboca en el Drina al sur de Foča. El parque, de gran riqueza, alberga la cumbre más alta del país, un importante emplazamiento de la Segunda Guerra Mundial y el último bosque primario de Europa. Continúa al otro lado de la frontera con el Parque Nacional de Durmitor, declarado Patrimonio de la Humanidad por la Unesco por su flora endémica.

▶ **Relieve, lagos y ríos** – El parque alberga algunas cumbres altas, en particular el monte Maglić (Маглић), que con sus 2396 m de altitud es el punto más alto de Bosnia y Herzegovina, en la frontera con Montenegro. Está delimitado al este por el monte Pivska (Pivska planina – Пивска планина), que alcanza los 1775 m de altitud, y por el río Piva (Пива), que conforma el Drina al unirse al Tara. En el lado oeste se levantan el monte Zelengora (Зеленгора), con 2014 m de altitud y nueve pequeños lagos glaciares, y el monte Lelija (Лелија), a 2032 m. Al sudeste, a lo largo de la frontera, además del monte Maglić, se encuentra el monte Volujak (Волујак), con 2337 m de altitud, el monte Bioč (Биоч) 2388 m, y el emblemático lago Trnovačko (Trnovačko jezero – Трновачко језеро), con forma de corazón y muy popular entre los campistas. Situado a 1517 m de altitud y rodeado por un circo de montañas, este último tiene un extensión de unos 2000 metros de largo y 400 de ancho.

▶ **Fauna y flora** — Dos terceras partes del parque están cubiertas de un bosque denso, en particular, del bosque primario de Perúcica. Se trata esencialmente de coníferas que se elevan hasta los 1600 m de altitud. Mientras que las laderas más inclinadas son rocosas, algunas mesetas albergan grandes praderas hasta, incluso, los 1600 metros. Hay nada menos que 2600 especies vegetales, algunas de ellas raras o endémicas y cien especies de setas comestibles.

Es también el lugar del país con mayor concentración de osos y lobos. Estos depredadores se benefician de una gran reserva de caza con numerosos jabalíes, rebecos y gamuzas de los Balcanes. También hay martas de los pinos (o americanas), zorros y gatos monteses. Con sus diferentes ríos, humedales y lagos, el parque también tiene numerosas especies de peces. Por último, hay 300 especies de aves, entre ellas el águila real, el urogallo, el halcón peregrino y la perdiz griega.

▶ **Actividades humanas** – Son pocas y están reguladas. Aún así, se puede encontrar alojamiento en dos sitios: un camping y dos hoteles en Tjentište y cabañas de alquiler en dirección al monte Zelengora. La actividad principal es, por supuesto, el senderismo con algunos caminos bien definidos y otros previstos para las bicicletas de montaña. Por último, la región es famosa por la práctica de rafting en el cañón del río Tara.

■ **BOSQUE PRIMARIO DE PERÚCICA**   ★★★
Prašuma Perúcica
✆ +387 58 23 31 30
sutjeskanp.com/prasuma-perucica
Este bosque (Prašuma Perúcica/ Прашума Перућица) ocupa 1434 hectáreas en el sureste del Parque Nacional de Sutjeska, bajo los montes Maglić y Volujak. Con unos 20 000 años de antigüedad, es uno de los últimos bosques de Europa en los que nunca ha influido la acción humana. Protegido desde 1952, alberga hayas de más de trescientos años y más de cincuenta metros de altura, así como la cascada Skakavac, de 75 metros de altura. La rica fauna incluye linces, lobos, osos y pícidos, aves que dependen de árboles viejos o

Paisaje del Parque Nacional de Sutjeska.

muertos para alimentarse y anidar. El acceso está estrictamente controlado y el número de visitantes es limitado. Así que asegúrate de reservar tu excursión con suficiente antelación en el centro de información del parque. La caminata no es difícil, pero necesitarás una buena condición física y calzado adecuado. Se proporciona una pequeña comida, pero debes llevar agua y algo para protegerte de la lluvia. Te conducirán en vehículo durante 11 km hasta Dragoš Sedlo, a 1250 m de altitud. Aquí comienza una caminata de 11 km. El sendero conduce a Vidikovac, un lugar con impresionantes vistas del monte Maglić y la cascada de Skakavac. Tras una fuente, el sendero se adentra en el bosque hasta el cañón del Perućica, a lo largo del monte Jelovac (1426 m). A continuación, la mayor parte de la ruta desciende por la garganta del río hasta desembocar en el Sutjeska en Suha (650 m sobre el nivel del mar). Desde aquí, se enlaza con la M-20, que regresa a Tjentište.

■ **MONUMENTO A LA BATALLA DEL SUTJESKA** ★★★

Tjentište; ✆ +387 58 23 31 30
Ubicado a medio camino en el valle del Sutjeska, este monumento (Spomenik Bitke na Sutjesci/Споменик Бици на Сутјесци) es una de las obras más representativas del período socialista en toda Yugoslavia. El monumento en sí es impresionante. Además, cuenta con un entorno magnífico y verde al pie de cumbres que superan los 1200 metros de altitud. Se trata de un edificio de estilo modernista que rinde homenaje a los combatientes caídos durante una de las grandes retiradas victoriosa de los partisanos de Tito durante la Segunda Guerra Mundial. También llamado monumento de Tjentište (Tjentište spomenik – Tjентиште споменик), la obra forma parte del gran complejo conmemorativo del Valle de los Héroes, compuesto por diferentes instalaciones repartidas por el Parque Nacional.

▶ **Batalla del Sutjeska** – Entre el 15 de mayo y el 16 de junio de 1943, el valle fue el escenario del enfrentamiento entre unos 22 000 partisanos de Tito y 127 000 hombres de las fuerzas del Eje (alemanes, italianos, croatas y búlgaros), apoyados por trescientos aviones. Conocida como Fall Schwarz («caja negra» en alemán) y como Quinta ofensiva por parte del lado yugoslavo, esta operación comandada por Hitler tenía por objeto rodear y destruir definitivamente la resistencia comunista congregada entonces en Montenegro. Aunque murieron muchos de los partisanos (cerca de 7000 muertos, de los cuales casi la mitad cayeron en este valle, frente a unos 1700 en el bando opuesto), la batalla no fue considerada una victoria nazi. Gravemente herido, Tito pudo huir a Bosnia con parte de sus tropas, logrando avanzar hasta el monte Zelengora (unos 10 km al noroeste del valle del Sutjeska a vuelo de pájaro). Y, sobre todo, el líder comunista adquirió entonces una formidable aura y fue visto con admiración entre la población. Después de la guerra, el régimen otorgó un lugar preponderante a esta batalla. Cabe destacar, en particular, una película de gran presupuesto bastante bien considerada por la crítica internacional: *La quinta ofensiva* (1973), en la que el actor estadounidense Richard Burton desempeña el papel de Tito.

▶ **Monumento** – Fue erigido entre 1969 y 1971 bajo la dirección del escultor serbio Miodrag Živković (nacido en 1928). La estructura de hormigón armado mide 19 metros de altura por 25 metros de ancho. Instalado sobre un terraplén al que se accede por dos largas escaleras semicirculares, se compone de dos grandes alas con contornos angulares. Para su diseñador, estas alas representan tanto el avance como la victoria de los partisanos al final de la batalla: los que consiguieron romper el cerco pasando entre las líneas enemigas, representadas por las dos alas, que son también una evocación de la victoria, tradicionalmente representada con la figura de una mujer alada en la antigua Grecia. Según Živković, las formas angulosas en el interior de las alas representan hombres, los partisanos que, gracias a su sacrificio, hicieron posible ese avance. Importante lugar de celebraciones y festividades hasta 1991, el monumento fue objetivo de los soldados serbobosnios durante la última guerra. Afortunadamente, gracias a su solidez, resistió bien a los explosivos. Se restauró completamente en 2017.

▶ **Valle de los Héroes** (Dolina heroja – Долина хероја) – En un radio de diez kilómetros alrededor del monumento de la batalla del Sutjeska, en los lugares donde se desarrollaron los combates, accesibles solo a pie, se instalaron 79 pequeños monumentos que rinden homenaje a los partisanos. Por ejemplo, encontramos una placa que indica el lugar donde cayó Nurija Pozderac, mano derecha de Tito, en la cima de una montaña (1300 m de altitud) hacia el este, cerca de Montenegro (*GPS: 43.3217, 18.7078*), o el *Monumento de la tercera brigada dálmata*, en una meseta a 1400 metros de altitud hacia el sudoeste (*GPS: 43.3215, 18.6331*).

▶ **Casa-memorial y museo** – Importante lugar de celebración hasta 1991, el monumento fue blanco de los soldados serbobosnios durante la última guerra. Resistió las explosiones y fue restaurado en 2017. Encima se encuentra el anfiteatro que representa a las unidades partisanas que participaron en la batalla: 16 brigadas, el cuartel general y el hospital móvil. Unos 600 metros más abajo, a la derecha, se pueden visitar dos edificios auxiliares del complejo conmemorativo. El primero es la Casa Conmemorativa (Spomen Kuća/Спомен-Куħа), un impresionante edificio de hormigón armado con tejados puntiagudos diseñado por el arquitecto serbio-montenegrino Ranko Radović (1935-2005). Terminado en 1975, fue objeto de vandalismo en 1992 y parcialmente restaurado en 2018. En las paredes interiores figuran los nombres de los 7454 partisanos que murieron durante la batalla de 1943, así como trece macabros frescos del pintor croata Krsto Hegedušić (1901-1975). Cerca de allí, el Museo de la Batalla de Sutjeska (Muzej/Музеj) se erigió en 1985, pero sus colecciones fueron saqueadas en 1992. El edificio, de aspecto muy sencillo, alberga ahora de nuevo una pequeña exposición (efectos personales de partisanos, armas de época, copias de banderas nazis...) y una cafetería.

▶ **Festival rock** – www.okfest.ba – primer fin de semana de julio, gratuito. El OK Fest se celebra todos los años desde 2014 a los pies del monumento.

CAÑÓN DEL TARA ⭐⭐⭐

Es uno de los cañones más impresionantes de Europa y uno de los más profundos después de las gargantas de Vikos, en Epiro (Grecia). El pequeño río Tara solo tiene 80 kilómetros de largo, pero ha excavado un lecho profundo, con acantilados de más de mil metros de altura en ambos lados. Actúa como frontera natural con Montenegro (donde nace) durante unos 30 kilómetros. La única manera de disfrutar del cañón es alquilando un rafting, ya que no hay carreteras en el lado bosnio del cañón. Atención, hace frío: el agua está a 14 °C en verano. Más al norte, el Tara se une al Piva para formar el Drina.

© NOVAK / ADOBE STOCK

Monumento a la batalla de Sutjeska.

ESTE

Esta región fronteriza con Serbia (al este) y Croacia (al norte) está poco desarrollada turísticamente. Y con razón: el este de Bosnia y Herzegovina es la parte del país más afectada por la guerra de 1992-1995, con las ciudades mártires de Srebrenica, Višegrad, Goražde, Foča, Brčko y Bijeljina. De hecho, solo se salvó prácticamente el gran centro industrial de Tuzla. Bosnia oriental salió del conflicto no solo con cicatrices, sino también muy dividida. Hoy está repartida entre las tres entidades que conforman el país: la República Srpska, la Federación de Bosnia y Herzegovina y el minúsculo distrito de Brčko.

■ SREBRENICA Y ALTO DRINA ■

Esta región situada en los confines de Bosnia y Herzegovina, en la frontera con Serbia, presenta unos paisajes naturales magníficos y desconocidos. Además del famoso puente sobre el río Drina, te sorprenderán los bosques y los profundos cañones de la región.

SREBRENICA

▶ **Ubicación** – Srebrenica/Сребреница tiene una población de unos 2500 habitantes, de los cuales el 51 % son bosníacos y el 49 % serbobosnios. Es la capital del municipio de Srebrenica (13 000 habitantes), en la República Srpska. La localidad se encuentra a 14 kilómetros al sur de Serbia (paso fronterizo de Bratunac-Ljubovija), a 105 kilómetros al sureste de Tuzla y a 133 al noreste de Sarajevo.

▶ **Descripción** – Al igual que Auschwitz e Hiroshima, la historia ha convertido a Srebrenica en un lugar de sufrimiento y memoria. La mayoría de los turistas que vienen aquí lo hacen en una excursión de un día desde Sarajevo para visitar el Memorial del Genocidio. Este espacio, único y profundamente conmovedor, se creó para honrar a las víctimas de la mayor masacre en Europa desde el final de la Segunda Guerra Mundial: más de 8300 bosníacos fueron asesinados por el ejército serbobosnio en julio de 1995. La ciudad, antaño próspera gracias a las minas de plata y al termalismo, aún conserva las cicatrices de la catástrofe: edificios en ruinas y pintadas nacionalistas que atestiguan las fuertes tensiones entre comunidades. Pero Srebrenica está empezando a renacer con la creación de un nuevo complejo balneario y el proyecto «Srebrenica City of Hope». Este último está trayendo algo de esperanza a la ciudad. También ofrece alojamiento barato mientras se descubre la naturaleza, las tradiciones y las gentes de una región tan complicada como entrañable.

Aparte del Memorial del Genocidio de 1995, Srebrenica no posee un patrimonio interesante que visitar, a excepción de la antigua fortaleza otomana que domina el centro de la ciudad. Los pocos edificios históricos fueron destruidos o dañados durante la guerra civil, y muchas casas siguen en ruinas.

■ MEMORIAL DE BRATUNAC

Spomen-Park Bratunac

Situada junto al río Drina y Serbia, la localidad de Bratunac (unos 8000 habitantes, 61 % serbobosnios) alberga un parque en honor de los partisanos de la II Guerra Mundial (Spomen-Park Bratunac/Спомен-Парк Братунац). Aquí se alzó en 1978 un impresionante obelisco tubular de metal de diecisiete metros de altura, con una protuberancia hecha de tubos transversales en el centro, obra del escultor serbio Petar Krstić. Antaño mayoritariamente bosníaca, Bratunac fue escenario de importantes masacres en 1995.

■ MEMORIAL DEL GENOCIDIO DE SREBRENICA

Potočari

℡ +387 56 99 19 45

srebrenicamemorial.org

Este es el principal lugar de memoria de la guerra de Bosnia y Herzegovina (1992-1995) y el sitio donde están enterradas algunas de las víctimas de la mayor masacre ocurrida en Europa desde el final de la Segunda Guerra Mundial. El lugar se denomina oficialmente Centro Conmemorativo y Cementerio de las Víctimas del Genocidio de 1995 en Srebrenica-Potočari (Memorijalnom Centru Srebrenica-Potočari Spomen Obilježje i Mezarje za Žrtve Genocida iz 1995. Godine/Мемориjалном Центру Сребреница-Поточари Спомен Обиљежје и Мезарје за Жртве Геноцида из 1995. Године). Se encuentra en la zona industrial de Srebrenica, en Potočari (7 km al norte del centro de la ciudad), que albergó la

base de los soldados holandeses de la ONU entre 1994 y 1995. Fue aquí donde comenzó la masacre de 8372 personas a manos de las fuerzas serbobosnias, desde el 11 de julio de 1995 hasta el 1 de noviembre siguiente. La gran mayoría de las víctimas eran hombres bosníacos de Srebrenica.

El memorial fue inaugurado el 20 de septiembre de 2003 por Bill Clinton, presidente de Estados Unidos de 1993 a 2001 (período en el que se produjo el genocidio). Su creación fue decidida en el año 2000 por el Alto Representante Internacional en Bosnia y Herzegovina, puesto más alto en las instituciones del país, ocupado por un político extranjero nombrado por Naciones Unidas. El austríaco Wolfgang Petritsch, que ostentaba el cargo en ese momento, creó una fundación privada financiada con hasta cinco millones de dólares por donantes públicos y privados. Estados Unidos, los Países Bajos y Reino Unido fueron parte de los principales contribuyentes. El memorial está gestionado por un pequeño equipo de conservadores-traductores supervivientes del genocidio, que realizan visitas guiadas gratuitamente previa petición. Como consecuencia de las profanaciones perpetradas en varias ocasiones, el monumento conmemorativo está constantemente bajo vigilancia de la policía de la Republika Srpska. El lugar consta de tres partes: el monumento en sí mismo, el cementerio, el museo y un centro de documentación.

Memorial

Está situado en el lado derecho de la carretera viniendo de Srebrenica. Frente a la entrada, una pequeña tienda vende recuerdos estampados con el lema

© TOSKANAINC / SHUTTERSTOCK.COM

Memorial del Genocidio de Srebrenica.

Remember Srebrenica. Está a cargo de Fadila, una anciana que perdió a su marido y a su hijo en las masacres de julio de 1995.

▶ **Muro** – De mármol blanco y de forma semicircular, contiene los nombres, apellidos y fechas de nacimiento de los 8372 desaparecidos en las masacres de Srebrenica de los días 11-13 de julio de 1995, identificados al final de la guerra. En la actualidad, el número de víctimas se estima en más del nueve mil.

▶ **Pabellón** – En el centro del monumento conmemorativo se levanta un *musalla,* un oratorio cubierto de culto musulmán destinado al recogimiento y a la oración. Se trata de una gran cúpula verde que alberga el *mihrab,* que indica la *qibla* (la dirección de La Meca), y una gran lápida de piedra en la que están grabados, en árabe y en bosnio, los versículos 154-156 de la segunda sura del Corán: «Y no digáis de los que han muerto luchando en el camino de Allah que están muertos, porque están vivos aunque no os deis cuenta. Y tened por cierto que os pondremos a prueba con temor, hambre, pérdida de riqueza, personas y frutos. Pero anuncia las buenas nuevas a los pacientes. Aquellos que cuando les ocurre alguna desgracia dicen: «De Allah somos y a Él hemos de volver».

▶ **Estelas** – A ambos lados del muro circular se encuentran dos estelas. La más grande está grabada con la cifra 8372, seguida de puntos suspensivos (para indicar que el número total de víctimas aún es desconocido), con la frase: «El número de víctimas del genocidio no es definitivo» y con los trece municipios martirizados, como Sarajevo, Višegrad o Bratunac. En la segunda estela está escrita la oración de Srebrenica: «En nombre del Dios de la misericordia, Dios todopoderoso, ¡que la tristeza se transforme en esperanza! ¡Que la venganza devenga justicia! ¡Que las lágrimas de la madre se hagan plegaria! ¡Que nunca más se vuelva a repetir Srebrenica!».

Cementerio

Construido en 2003 alrededor del monumento conmemorativo, ahora se extiende 350 metros hacia el norte, creciendo año tras año a medida que el proceso de identificación de los cuerpos avanza. En 2017, albergaba 6938 cuerpos —pocas veces completos— y otras tantas pequeñas estelas rectangulares de mármol blanco agrupadas en nueve grandes parcelas. Alrededor de mil cuerpos están enterrados en otras sepulturas privadas. Todos los años se descubren nuevos cuerpos. Tras un proceso de identificación llevado a cabo en Tuzla por el centro de medicina legal de la Comisión Internacional para las Personas Desaparecidas (www.ic-mp.org), los restos mortales son llevados al cementerio del Memorial del Genocidio de Srebrenica, donde cada año, el 11 de julio, se celebra una ceremonia. En la actualidad, se estima que hay más de mil cuerpos de civiles de Srebrenica que falta por encontrar en el valle de la muerte. Frente a la entrada del cementerio, una pequeña tienda vende la Flor de Srebrenica, con once pétalos blancos y un corazón verde: el número 11 en recuerdo del 11 de julio, fecha en que comenzó la masacre, el blanco como símbolo de la inocencia de las víctimas, y el verde como signo de esperanza y justicia.

Museo

Se encuentra en el lado derecho de la carretera viniendo de Srebrenica, frente al monumento y el cementerio. Llamado Spomen Soba («sala monumento»), se halla en la antigua Fabrika akumulatora (fábrica de baterías). Con una extensión de 120 000 metros cuadrados, servía de cuartel (base Charlie) al batallón neerlandés (Dutchbat) de los Cascos Azules. Cuenta con fotografías tomadas por el fotógrafo bosnio Tarik Samarah, premiado muchas veces por el trabajo realizado en 2002 sobre el genocidio de Srebrenica. En la parte posterior de la antigua fábrica, todavía se pueden ver los grafitis dejados por los Cascos Azules, algunos de ellos obscenos, que provocaron la indignación de las familias de las víctimas. El museo consta de tres salas principales.

▶ **Sala de las víctimas** – Creada en 2003, este espacio fue renovado en 2011 por arquitectos de Sarajevo con el apoyo del Imperial War Museum de Londres. Alberga veinte vitrinas en las que se exponen los efectos personales de las víctimas identificadas encontradas en las fosas comunes: encendedores, álbumes de fotos, llaves, pitilleras, etc.

▶ **Sala de proyección** – También creada en 2003, aquí es donde se proyecta la película *A Cry from the Grave,* del documentalista británico Leslie Woodhead, que reconstruye en 2,50 horas el desarrollo de los acontecimientos basándose en los testimonios de los supervivientes y de los Cascos Azules neerlandeses, una secuencia tomada en el momento de los hechos en 1995, y las imágenes de la exhumación de los cuerpos de las fosas comunes rodadas durante diez años. Entre las más fuertes, destaca la secuencia filmada en las calles de Srebrenica unas horas antes del comienzo del genocidio, donde se oye a Ratko Mladić decir de una manera muy clara: «Aquí estamos el 11 de julio de 1995 en la ciudad serbia de Srebrenica. En vísperas de otra gran fiesta serbia, ofrecemos esta ciudad al pueblo serbio. El momento ha llegado por fin en el que, después del levantamiento contra los *dahijas,* vamos a vengarnos contra los turcos de esta región». Ratko Mladić hace referencia a dos acontecimientos. En primer lugar, menciona la «víspera de otra gran fiesta serbia». Se trata del 12 de julio, fiesta del rey Pedro I de Serbia (rey de 1903 a 1921), celebrado por los movimientos monárquicos y nacionalistas serbios. Luego habla del «levantamiento de los *dahijas*». Los *dahijas* era un grupo de oficiales otomanos renegados pertenecientes a los jenízaros que, en 1801-1804, dieron un golpe de estado en la provincia de Belgrado (*sanjacato de Smederevo*) contra el visir Hadji Mustafa Pasha, que se había mostrado tolerante con los serbios. Los *dahijas* fueron masacrados, junto con una parte de la población turca, tras el Primer levantamiento serbio (1804-1813).

▶ **Centro de documentación** – Desde 2014, el museo alberga el Centro de documentación de Srebrenica. Fue creado por la agencia de prensa Sense (South East News Service Europe), que sigue todas las actividades del Tribunal Penal Internacional para la antigua Yugoslavia (TPIY) desde 1998. Acoge una parte de los archivos del TPIY y muestra cómo este organismo ha investigado los hechos que tuvieron lugar a partir de julio de 1995, cómo ha reconstruido el hilo de los acontecimientos, instruido los asuntos, basándose en las declaraciones de los testigos y en los elementos presentados durante los juicios.

▶ **Marcha por la Paz.** Esta marcha (Marš Mira) la organizan cada año los familiares de las víctimas desde 2005. Con un recorrido de unos cien kilómetros, sigue la ruta inversa de la «marcha de la muerte», durante la cual fueron asesi-

nadas la mayoría de las víctimas de 1995. La marcha parte el 8 de julio de Nezuk (37 km al sureste de Tuzla) y llega al memorial el 11 de julio, día de la ceremonia principal. En ella participan más de 10 000 personas de distintos países (información en marsmira.net).

VIŠEGRAD

▶ **Ubicación** – Višegrad/Вишеград tiene una población de unos 5500 habitantes, de los cuales el 88 % son serbobosnios. Es la capital del municipio de Višegrad (10 000 habitantes), en la República Srpska. La localidad está situada a 20 km al oeste de Serbia y a 133 km al sur de Srebrenica.

▶ **Descripción** – Višegrad es famosa por su puente Mehmed Pasha Sokolović. Incluida en la lista del Patrimonio Mundial de la Unesco desde 2007, esta obra de arte inspiró a Ivo Andrić a escribir *El puente sobre el Drina* (1945), una obra maestra de la literatura yugoslava. Sí, pero Višegrad es también la villa más compleja de visitar en Bosnia y Herzegovina. Aquí, las autoridades locales tratan de atraer a los turistas haciendo todo lo posible por ocultar su espantoso pasado reciente, a saber, «una de las campañas de limpieza étnica más completas y despiadadas del conflicto bosnio», según el Tribunal Penal Internacional para la ex Yugoslavia. El municipio de Višegrad, antaño multicultural, tenía un 63 % de bosníacos y un 32 % de serbobosnios en 1991. Al año siguiente, los habitantes bosnios fueron sistemáticamente expulsados o masacrados. Višegrad se ha convertido en el escaparate del nacionalismo serbio, con sus calles y monumentos dedicados a los criminales de guerra y un extraño complejo turístico consagrado a Ivo Andrić. Este fue creado por el controvertido cineasta Emir Kusturica en el mismo lugar de los asesinatos de 1992.

▶ **Las masacres de Višegrad.** Sí, pero Višegrad fue el escenario de una de las peores masacres de la guerra de 1992-1995. En la ciudad y sus alrededores, varios centenares de civiles bosníacos fueron asesinados: 3000 muertos según el Tribunal Penal Internacional para la ex Yugoslavia (TPIY). Durante varios días, a partir de finales de mayo de 1992, las fuerzas paramilitares serbias locales masacraron metódicamente a hombres, mujeres, niños, ancianos y recién nacidos. ¿Cómo? La mayoría de las veces los degollaban o los ejecutaban de un disparo en el puente Mehmed Pasha Sokolović antes de tirar los cuerpos al Drina. Otro hecho sórdido es que cerca de doscientas mujeres bosníacas fueron detenidas en el hotel Vilina Vlas (7 km al noreste), donde fueron violadas y torturadas durante semanas hasta morir o suicidarse. Apenas una decena sobrevivió. Otros crímenes se cometieron en los bosques cercanos. Todos estos hechos han sido confirmados por el TPIY, y los principales culpables, condenados.

▶ **Una historia borrada.** En Višegrad, como en muchos otros lugares de Bosnia y Herzegovina, se prefiere olvidar e incluso transformar la historia. Casi sin sorpresa, descubrimos cerca del puente una estatua en honor a los paramilitares serbios «defensores mártires» de la ciudad. Pero aquí se ha ido aún más lejos en la negación. El muy controvertido Kusturica ha dado peso a esta reescritura del pasado. Quería que Andrićgrad fuera un símbolo de cierto idealismo serbio.

El problema es que el proyecto nació en pleno centro de lo que durante siglos fue una ciudad musulmana. Esta voluntad de borrar la memoria se concretó en enero de 2014, cuando el ayuntamiento retiró la palabra «genocidio» del pequeño monumento erigido como recuerdo de las víctimas en el cementerio musulmán. El hotel Vilina Vlas sigue abierto. No hay mención a lo que ocurrió en 1992. Así que, algunos guías turísticos siguen alardeando del encanto de su entorno.

■ **PUENTE SOKOLOVIĆ**
Most Mehmed-Paše Sokolovića
Este puente de 180 metros de longitud (Most Mehmed-Paše Sokolovića/Мост Мехмед-Паше Соколовиħа) cruza el Drina desde 1577. Situado en el centro de Višegrad y declarado Patrimonio de la Humanidad por la Unesco en 2007, fue diseñado por el famoso arquitecto otomano Mimar Sinan para el gran visir de origen bosnio Mehmed Pasha Sokolović. Fuente de inspiración de la novela de Ivo Andrić *El puente sobre el Drina* (1945), el monumento fue también el escenario de terribles masacres. Por desgracia, ni la Unesco ni los paneles explicativos del lugar mencionan este hecho.

Por otra parte, el puente ha perdido la mayor parte de su mampostería original. En 1915, dos de sus once pilares fueron volados por el ejército serbio que huía de las tropas austrohúngaras. Permaneció así durante veinticinco años. En octubre de 1943, más de dos mil habitantes bosníacos fueron masacrados por los chetniks serbios. La mitad del puente fue entonces destruida para cortar el paso a los nazis y a los ustachis croatas. Reconstruido en 1952, el puente sigue siendo frágil. A pesar de ello, los coches y camiones siguieron pasando por él hasta

© PAVLE MARJANOVIC – ¡STOCKPHOTO

Puente Mehmed Pasha Sokolović, en Višegrad.

que en 1987 se construyó un puente en la carretera río abajo. Cinco años después, las obras de refuerzo se vieron interrumpidas por la guerra. De junio a octubre de 1992, el viejo puente volvió a ser utilizado por los nacionalistas serbios como lugar de ejecución. Unos 3000 civiles, en su mayoría bosníacos, fueron asesinados aquí y en los alrededores. Aún siguen apareciendo cadáveres arrojados al Drina. Pero eso no ha impedido que, desde 2007, el ayuntamiento organice en julio una competición de saltos de trampolín en el puente.

GORAŽDE

Ubicación – Goražde/Горажде tiene una población de unos 11 000 habitantes, de los cuales el 94 % son bosníacos. Es la capital del municipio de Goražde (20 000 habitantes) y del cantón bosnio de Podrinje (23 000 habitantes), en la Federación de Bosnia y Herzegovina. La ciudad está a 32 kilómetros al noroeste de Montenegro (paso fronterizo de Metaljka), a 33 kilómetros al noreste de Foča, a 39 al suroeste de Višegrad, a 76 al sureste de Sarajevo *(vía* Pale) y a 151 kilómetros al suroeste de Srebrenica.

▶ **Descripción** – Bastión bosníaco en lo que ahora es una región predominantemente serbobosnia, esta pequeña ciudad industrial no tiene mucho interés, salvo su ubicación en un amplio y hermoso meandro del río Drina. La ciudad todavía lleva las cicatrices de la guerra. Además de los numerosos edificios plagados de agujeros de balas y obuses, Goražde es una localidad aislada. Desde 1995, está unida a la Federación de Bosnia y Herzegovina por un corredor. Sin embargo, se ha convertido en el segundo pulmón económico de Bosnia oriental, tras Tuzla, y atrae cada día a cientos de trabajadores serbobosnios de Foča y Višegrad. Relativamente próspera, la ciudad es conocida por los aficionados al cómic gracias al álbum *Safe Area Goražde* (2000), del dibujante y periodista maltés Joe Sacco. Publicada por Planeta de Agostini con el título *Gorazde: zona protegida*, esta gran obra es un modelo en el género del reportaje de cómic. Es una de las obras que mejor transmite el horror y la complejidad del conflicto en Bosnia y Herzegovina.

◼ NECRÓPOLIS MEDIEVAL DE KUČARIN

Gorsic Polje; www.stecciwh.org

Este yacimiento (Nécropole Kučarin) es una de las veintidós necrópolis medievales del país incluidas en la lista del Patrimonio Mundial de la Unesco en 2016. Se encuentra cerca de Hrančići, a 39 km al oeste de Goražde, en un espeso bosque de hayas. Entre los 325 *stećci* (siglos XIV-XV), cuatro presentan bajorrelieves: un ciervo, motivos geométricos y una inscripción que afirma que aquí yace un tal Njegoš Vidojević.

En la región hay otro lugar catalogado como Patrimonio de la Humanidad por la Unesco, la necrópolis de Borak, a 46 km al norte de Goražde.

DONJI DOBRUN

Dobrun está a nueve kilómetros de Višegrad en dirección a la frontera, siempre por la E-761. Es el valle del río Rzav. Para llegar, gira a la derecha antes del túnel de Šargan (número 8). Allí se encuentran las ruinas de la fortaleza destruida por los otomanos en 1463 tras un asedio. Es un hermoso lugar en las montañas. Puedes continuar por una hermosa carretera de montaña hasta Vardište, en la frontera.

VILINA VLAS

A siete kilómetros al norte de Višegrad se hallan las termas de Vilina Vlas. Para encontrarlas, gira a la derecha en Sase y dirígete hacia Višegradska Banja. Las fuentes termales se descubrieron durante la construcción del puente de Višegrad, mientras se excavaba una cantera de piedra. Los turcos construyeron baños aquí. Esta tradición continúa hoy en día, y desde 1982 existe aquí un gran centro termal, con agua que contiene hierro, magnesio, litio y muchos otros elementos. Brota a 34 °C y abastece las instalaciones del centro. El centro funciona también como hotel. Un poco más abajo, en Sase, se descubrió una necrópolis que data del 800 al 600 a. C. Aquí se pueden ver tumbas de piedra de hasta doce metros de diámetro.

◼ REGIÓN DE TUZLA ◼

TUZLA

▶ **Ubicación** – Tuzla/Тузла tiene una población de unos 80 000 habitantes, de los cuales el 73 % son bosníacos y el 14 % bosniocroatas. Es la capital del municipio de Tuzla (110 000 habitantes) y del cantón de Tuzla (430 000 habitantes), en la Federación de Bosnia y Herzegovina. La ciudad está a 49 kilómetros al este de Serbia (paso fronterizo de Karakaj-Mali Zvornik), a 56 al suroeste de Brčko, a 69 al suroeste de Bijeljina y a 119 kilómetros al noreste de Sarajevo.

▶ **Descripción** – A esta ciudad «salina» (*tuzla* en turco) no le falta sabor. Gran ciudad obrera, muy animada y a veces agitada, tiene un bonito centro de estilo austrohúngaro y otomano, y también un espíritu de tolerancia heredado de la Yugoslavia socialista. Apenas afectada por la última guerra, sí sufrió la privatización de sus fábricas y el derrumbe de sus minas de sal excavadas desde la Antigüedad. Pero Tuzla ha conseguido reinventarse gracias a los increíbles lagos de sal artificiales que la convierten en un destino popular para los bosnios. Situada en una llanura entre la Majevica (916 metros) al este y el Konjuh (1328 m) al sur, se extiende a lo largo de diez kilómetros siguiendo el curso del río Jala, un afluente del Spreča que se une al Bosna. Mientras que su municipio, de 110 000 habitantes, es el tercero más grande del país, en el área de Tuzla viven unos 250 000 habitantes, lo que la convierte en el segundo centro urbano más grande de Bosnia y Herzegovina, por delante de Banja Luka. También cuenta con un aeropuerto internacional, donde opera principalmente la compañía Wizz Air.

■ GALERÍA INTERNACIONAL DEL RETRATO
II Brigada Tuzlanske, 13
✆ +387 35 27 61 50
centarzakulturutuzla.ba
Este museo (Međunarodna Galerija Portreta) está situado en el centro cultural municipal, junto a la arteria principal, a un kilómetro al sureste del casco antiguo. Fundado en 1964, está dedicado al arte del retrato de los siglos XIX y XX. Agrupa principalmente pinturas, grabados, dibujos, esculturas y fotografías de los principales artistas yugoslavos. Destacan los cuadros del gran pintor de Tuzla Ismet Mujezinović (1907-1984), en especial la *Autorretrato con monumento,* los de Adele Behr (1888-1966), la primera pintora bosnia

reconocida, y la colección de 86 retratos de Tito, realizados por artistas de toda Yugoslavia en dos fases: en 1947 en Belgrado y en 1977 en Bugojno (cerca de Travnik).

■ LAGOS DE PANONIA
Šetalište Slana Banja
✆ +387 35 24 67 11
www.panonika.ba
Este complejo de ocio (Panonska Jezera) alberga tres lagos artificiales de agua salada que atraen hasta 17 000 visitantes al día en verano. Está situado en el centro de la ciudad, a 350 m al noreste de la plaza de la Libertad. Su nombre procede del mar de Panonia, que se secó hace diez millones de años, dejando grandes depósitos de sal en la región y formando la vasta llanura panónica que se extiende hasta Ucrania. Gracias a un complejo sistema de filtración, el primer lago se creó en 2003 combinando la salmuera bombeada desde los pozos de sal de Tetima (10 km al norte en línea recta) con el agua dulce del lago artificial de Modrac. El resultado es una agua salada como la del mar, pero desinfectada como la de una piscina y que conserva ciertas propiedades curativas. Desde entonces se han añadido otros dos lagos. El lago 1 es el mayor, con una superficie de 10 140 m², 15 000 m³ de agua y una profundidad de 1,6 metros. Los otros dos tienen 5300 y 3800 m², respectivamente, y el lago 3 tiene 180 centímetros de profundidad. Este último está equipado con toboganes, contornos permanentes como una piscina y una pasarela que lo cruza. Los otros dos tienen playas. Además, cinco piscinas pequeñas y dos en cascada en el lago uno sirven de parque acuático infantil. En verano, el complejo está lleno hasta la bandera. Las

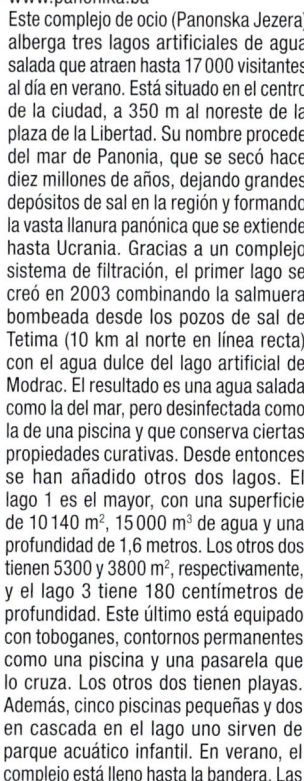

© TRABANTOS - SHUTTERSTOCK.COM

Tuzla.

familias también encontrarán un parque infantil, catorce bares y/o restaurantes, así como la reconstrucción de un pueblo neolítico a orillas del lago y el museo Pannonica, dedicado a la geología de la región.

■ **MEZQUITA BEHRAM BEY**

Atik Mahala

medzlistuzla.ba

Esta mezquita (Behram-Begova Džamija) se encuentra a cien metros al noroeste de la plaza de la Libertad. Es conocida con diferentes nombres: *Atik* («antigua»), *Časna* («venerable») y sobre todo *Šarena* («pintada»), debido a su rica decoración interior. Fue erigida en 1888 en el emplazamiento de una antigua mezquita del siglo XVI que fue renovada por iniciativa de un gran sufí local, Behram Bey, en el siglo XVII. Su estilo árabe refleja la moda arquitectónica impuesta por el poder austrohúngaro para alejarse del legado otomano. Está dominada por un minarete de 22 metros de altura que termina con un templete en bronce poco común en los Balcanes. La mezquita formaba parte de un gran complejo, al que pertenecía la madraza Behram Bey, de la que solo queda la puerta. La madraza fue construida en 1907 y destruida en 1974.

KLADANJ

▶ **Situación** – Kladanj tiene una población de unos 4000 habitantes, de los cuales el 97 % es bosníaco. Es la capital del municipio del mismo nombre (13 000 hab.) y pertenece al cantón de Tuzla (Federación de Bosnia y Herzegovina). La localidad se encuentra en la M-18, a 49 km al sur de Tuzla y 73 km al noreste de Sarajevo (conexiones frecuentes en autobús).

▶ **Descripción** – Localidad hoy casi exclusivamente habitada por bosníacos (72 % antes de la guerra), Kladanj vive sobre todo de la explotación de la madera y de los manantiales de agua de Muška Voda (11 km al oeste), antes alabadas por el escritor viajero Evliya Çelebi. Cuenta con un pequeño y bonito centro en el que se alza la mezquita Kuršumlija (siglo XVI). También goza de un hermoso entorno, ya que está situada en el verde valle del Drinjačka y al pie del monte Konjuh (1328 m de altitud), donde hay buenos *spots* para la práctica de la espeleología: «la cueva de la jovencita» (Djevojačka pećina) y las cuevas de Bebrava. Por último, la región es famosa por sus *stećci*, con nada menos que cuatro necrópolis en los alrededores clasificadas como Patrimonio de la Humanidad por la Unesco.

◼ CUEVA DE DJEVOJAČKA ⭐

Brateljevići

La cueva de la Joven (Djevojačka Pećina) se encuentra a 8 kilómetros al suroeste de Kladanj: al sur del pueblo de Brateljevići, toma el camino de la izquierda. Es uno de esos extraños lugares que solo aparecen en los Balcanes: un espacio de culto prehistórico convertido en lugar de peregrinación musulmán, vinculado al mártir cristiano san Jorge. A 200 metros de profundidad y fácilmente accesible a través de una gran entrada triangular, la cueva debe su nombre a una leyenda del siglo XVII: una joven de Brateljevići murió de miedo cuando acudió allí de noche para demostrar su valentía. Poco después de la entrada, la pared de la izquierda presenta 15 metros de grabados que podrían datar del 8000 a. C.: hombres a caballo, tres mujeres, una escena de caza, ciervos y formas triangulares que incorporan falos, hombres o puntos. Más adelante, entre un campo de esta-

lagmitas, unas concreciones blancas evocan la forma de una estela donde, según la tradición, reposa la joven de la leyenda. Cerca de la entrada también se han instalado recientemente otras tumbas. La que lleva la inscripción *Djevojaka* («Jovencita») contiene objetos votivos: alfombras, pañuelos y *tasbih* (rosarios musulmanes).

San Jorge, considerado una figura profética en varios textos islámicos, es objeto aquí de una peregrinación a la que acuden miles de mujeres bosnias. El ciclo comienza en julio con la celebración del profeta Elías, y alcanza su punto culminante a finales de agosto con la *Kišna Dova* («oración para que llueva»).

◼ NECRÓPOLIS MEDIEVAL DE MRAMOR-MUSIĆI

Mezarje Musići

La región alberga numerosas necrópolis de *stećci* de los siglos XII-XVI. Cuatro de ellas figuran entre las veintidós necrópolis medievales del país declaradas Patrimonio de la Humanidad por la Unesco en 2016. La más interesante y fácil de visitar es la de Mramor-Musići (Nekropola Mramor u Musićima), a la izquierda de la carretera, al sur de Musići, 28 kilómetros al suroeste de Kladanj. Hay ochenta *stećci*, doce de los cuales están decorados principalmente con rosetas, espirales, bandas retorcidas y cruces.

LAGO DE MODRAC

Situado en el territorio de la pequeña ciudad de Lukavac (12 000 habitantes), a 15 km al oeste de Tuzla, este lago artificial de 17 kilómetros cuadrados se creó en 1964 con la construcción de una importante presa hidroeléctrica

VISITA

en el río Spreča. Se extiende a lo largo de 11 kilómetros de este a oeste, con 1,6 kilómetros de ancho como máximo y hasta 20 metros de profundidad. Con sus playas y sus numerosas infraestructuras (hoteles, restaurantes, etc.), el lago de Modrac fue un importante emplazamiento turístico hasta 2005. Pero la presencia de vertederos incontrolados en sus orillas ha favorecido la proliferación de bacterias. Sin embargo, sigue siendo un importante lugar de pesca.

HACIA EL NORTE

BRČKO (БРЧКО)

▶ **Ubicación –** Brčko/Брчко tiene una población de unos 38 000 habitantes, de los cuales el 49 % son serbobosnios y el 44 % bosníacos. Es la capital del distrito de Brčko (82 000 habitantes).

▶ **Descripción –** Situada a lo largo del río Sava, frente a Croacia, Brčko es una ciudad bastante rica gracias a su gran puerto fluvial. Aunque tiene poco interés, aparte de un pequeño y agradable centro renovado de la época austrohúngara, es un lugar especial en Bosnia y Herzegovina. El distrito de Brčko, que ocupa el 1,5 % del territorio del país, es una de sus tres entidades políticas, junto con la Federación de Bosnia y Herzegovina y la República Srpska. Con sus propias instituciones (policía, judicatura, administración, educación), es el único municipio de Europa que es totalmente autónomo. Esta situación es el resultado de un punto muerto durante el Acuerdo de Dayton en 1995. Brčko ocupa una posición estratégica que nadie quería dejar escapar: está situada en la frontera de Serbia (20 kilómetros al este en línea recta) y Croacia, pero también en el límite entre las otras dos entidades del país. Por necesidad, el distrito se ha convertido en un laboratorio de la diversidad en los Balcanes. De los 82 000 habitantes de la entidad, el 42 % son bosbosníacos, el 35 % serbobosnios y el 21 % bosniocroatas. Y todos están obligados a vivir juntos.

SREBRENIK

▶ **Ubicación –** Srebrenik/Сребреник tiene una población de unos 6500 habitantes, de los cuales el 90 % son bosníacos. Es la capital del municipio de Srebrenik (39 000 habitantes), en el cantón de Tuzla.

▶ **Descripción –** Famosa por su fortaleza, cuna del primer rey de Bosnia en el siglo XIV, Srebrenik se alza en el valle del río Tinja, afluente del Sava. La localidad en sí es más bien sombría, con una arquitectura funcional heredada del periodo socialista. Aunque su nombre evoca la ciudad mártir de Srebrenica (142 km al sureste), solo tiene en común con esta un pasado minero: *srebro* significa «plata» en protoeslavo. Durante la guerra de 1992-1995, Srebrenik permaneció al margen de los combates y se mantuvo relativamente al margen de la violencia intercomunitaria, a pesar de que la población serbobosnia fue expulsada. El paisaje de los alrededores es magnífico.

■ **FORTALEZA DE SREBRENIK** ⭐⭐

Stari Grad Srebrenik; ☏ +387 35 64 58 22
Esta fortaleza gris (Tvrđava Srebrenik)
es una de las más bellas del país.
Encaramada en un espolón rocoso
a 400 metros sobre el nivel del mar,
domina la llanura de Panonia y el valle
del río Tinja. Se encuentra por encima de
Gornji Srebrenik, a 6 kilómetros al este
de Srebrenik. El lugar fue ocupado probablemente muy pronto, pero la fortaleza
no se menciona por primera vez hasta
1333. En 1338, fue el lugar de nacimiento
de Stefan Tvrtko I, fundador del reino de
Bosnia (1377-1463). Fue capturada por
los húngaros en 1408 y luego por los
otomanos hacia 1510, pasando a formar
parte de una red de doce plazas fuertes
que vigilaban la frontera otomana con el
Imperio austriaco. Abandonada en 1835,
sigue siendo impresionante. Se accede por
carretera y, después, a pie, por un puente
de madera que salva un foso excavado
en la roca. Sus tres torres, unas murallas
sinuosas, el palacio y la torre del homenaje
se concentran en un área reducida. La
primera torre es rectangular y conserva
su arco decorado con una media luna
islámica. Una muralla desciende hasta
la segunda torre semicircular, parcialmente derruida. La siguiente muralla data
del periodo otomano y estaba perforada
con siete aberturas para cañones. La
tercera torre, rectangular, ha perdido la
mayor parte de sus muros. Albergaba
una cisterna, un pozo y una mezquita.
Unas escaleras conducen a la parte
superior, donde se alza la poderosa torre
del homenaje. Al lado, el palacio de dos
plantas construido sobre una bodega fue
utilizado como cuartel por los otomanos.
Desde aquí, una muralla desciende en
zigzag para defender el acceso sur.

© TRABANTOS - SHUTTERSTOCK.COM

Fortaleza de Srebrenik.

BOSNIA CENTRAL

Esta región hace honor a su nombre: no solo es el centro geográfico del país, sino también su corazón histórico, donde se establecieron los bans (reyes) de Bosnia a partir del siglo XIII. Famosa por sus castillos y sus ríos, abarca tres entidades administrativas: los cantones de Bosnia central y Zenica-Doboj, que pertenecen a la Federación de Bosnia y Herzegovina, y una pequeña parte de la República Srpska. Situada en el gran eje Sarajevo-Zagreb vía Banja Luka, la región es de difícil acceso, ya que es casi completamente montañosa. El relieve es aún más impresionante, puesto que está formado por estrechos valles que se cuentan entre los más hermosos del país, en particular la garganta del Vbras (entre Jajce y Banja Luka).

Bosnia Central, poco desarrollada económicamente, conserva amplias extensiones de tierra vírgenes, sin ocupación humana.

Está dominada por la gran ciudad industrial de Zenica, que tiene unos 74 000 habitantes, aunque carece de interés, excepto para los interesados en la industria siderúrgica y en las viviendas colectivas socialistas. Jajce y Travnik son las únicas que merecen realmente una parada o una estancia de una noche. Ambas fueron capitales de Bosnia: la primera en la Edad Media y la segunda durante el período otomano. Ambas poseen un rico patrimonio histórico y natural, en particular Jajce, con los lagos y cataratas del Pliva, un precioso casco antiguo fortificado, bonitas casas otomanas, etc. Travnik, que se hizo famosa gracias al gran escritor yugoslavo Ivo Andrić, merece una visita por su arquitectura islámica (magnífica mezquita pintada), las granjas de montañas que producen el queso más conocido de los Balcanes y por la estación de esquí situada en el monte Vlašić.

TRAVNIK ★★

▶ **Localidad** – Travnik/Травник tiene una población de unos 15 000 habitantes, de los cuales el 67 % son bosníacos y el 25 % bosniocroatas. Es la capital del municipio de Travnik (52 000 habitantes) y del cantón de Bosnia Central (245 000 habitantes), en la Federación de Bosnia y Herzegovina. La ciudad está a 30 km al oeste de Zenica (vía Vitez), a 50 km al sureste de Jajce, a 91 al sureste de Banja Luka, a 92 al noroeste de Sarajevo y a 106 kilómetros al noreste de Livno.

▶ **Descripción** – Antigua capital de la Bosnia otomana y cuna del gran escritor yugoslavo Ivo Andrić, Travnik está enmarcada por las murallas de una ciudad medieval y las altas cumbres del macizo de Vlašić, que culmina a 1933 metros en el monte Paljenik. Aunque sigue siendo la *capital* del cantón de Bosnia Central, la localidad ha caído en el anonimato y ha perdido parte de su aura. Esto es especialmente cierto con la desaparición de su carácter multiétnico, acelerado por las masacres y los desplazamientos

KALIBUNAR
BAŠBUNAR
PLAVA VODA
Casco antiguo
VAROŠ
hacia Jajce
Hospital
Plava Voda
Mezquita Yeni
Torre del Reloj
Ul. Kalibunar
Ul. Potur Mahala
Mezquita Pintada
hacia Sarajevo
Estación de autobuses
Correos
Ul. Sehida
Casa de Ivo Andrić
Centro cultural
Iglesia católica
Mezquita Hadzi Alibeg
Ul. Bosanska
Banco
Policía
Ul. Bosanska
Museo
OSOJE
PIROTA
Iglesia ortodoxa
BOJNA
ILOVACA
0   250 m

TRAVNIK

VISITA

de población durante las dos últimas guerras. Situada en el valle del Lašva (un afluente del Bosna de 49 kilómetros de longitud), a 514 m de altitud, sigue siendo una ciudad agradable con un patrimonio bien conservado, bellos paisajes y la pequeña estación de esquí de Vlašić en las inmediaciones. Para muchos habitantes de la antigua Yugoslavia, sigue siendo sobre todo el alma de Bosnia Central y el símbolo de un modo de vida rural de montaña, con su famoso queso de Vlašić (también conocido como queso de Travnik) y su rústico perro pastor, el *tornjak*.

■ **FORTALEZA DE TRAVNIK** ★★
Varoš; ✆ +387 30 51 81 40
www.muzejtravnik.ba
700 m al noroeste del Museo Regional: diríjase por la calle Bosanska hacia el este, luego hacia

la torre del Reloj de Musala y gire a la izquierda en la calle Varoš.
Situada en un promontorio rocoso que domina el barrio de Varoš (el casco antiguo), es una de las fortalezas medievales (Tvrđava Stari Grad) mejor conservadas del país. Aunque sus orígenes son poco conocidos, podría haber sido erigida a finales del siglo XIV por el rey de Bosnia Stjepan Dabiša o por uno de sus prestigiosos sucesores, Tvrtko II, a principios del siglo XV. La mayor parte de las fortificaciones que han llegado a nosotros datan de la década de 1540, cuando los otomanos comenzaron a desarrollar realmente la ciudad fuera de las murallas. Contó con una guarnición permanentemente hasta 1878, año en el que los austrohúngaros tomaron el control de Bosnia y Herzegovina.

Interior de la mezquita Pintada.

▶ **Visita** – Con una superficie de 11 000 metros cuadrados, está rodeada por muros de hasta 2,70 metros de anchura, diseñados para resistir los disparos de la artillería. En el lado oeste, el acceso está protegido por un puente de piedra y una gran puerta de hierro. La entrada está dominada por el minarete de una mezquita parcialmente demolida en 1946. El interior está dividido en tres partes: central, alta y baja. En el centro del complejo se alza la torre poligonal (siglo XVI). Con una altura de 11 metros, alberga un pequeño museo (trajes tradicionales, paneles explicativos de la historia de la ciudad). Cerca hay una cisterna austrohúngara bien conservada que sirve de sala de conferencias. Más allá, la parte alta alberga los vestigios pre-otomanos de un palacio y una torre. Y, en la parte baja, cerca de las ruinas de un cuartel austrohúngaro, se ha acondicionado un mirador que permite contemplar la ciudad. En verano, la fortaleza se anima con la organización de eventos: conciertos, talleres de tejidos, venta de productos artesanales.

■ **MEZQUITA PINTADA** ⭐
Donja čaršija
Al este del centro de la ciudad, a lo largo de la calle principal.
Esta mezquita (Šarena Džamija), que se conoce oficialmente como mezquita de Süleymaniye (Sulejmanija džamija), en honor al sultán Solimán el Magnífico, data de 1817. Fue erigida sobre el emplazamiento de dos mezquitas precedentes, una construida en la segunda mitad del siglo XVI y la otra en 1757. Este edificio de forma rectangular (21,76x16 metros) es el centro de la antigua ciudad comercial (*čaršija*), que estaba a los pies de la fortaleza del casco antiguo.

▶ **Decoración** – Debe su nombre actual a su rica decoración interior y exterior, con motivos vegetales coloridos (cipreses, ciruelos, flores de lis, tulipanes, lilas, botones estilizados, etc.), claramente visible en las partes altas de la fachada. Estas pinturas —renovadas en 2019— parecen hoy excepcionales. Sin embargo, fueron el estándar en las mezquitas otomanas hasta principios del siglo XIX. Lo que es muy sorprendente en este caso es que la actual decoración data de la reconstrucción del edificio tras un incendio en 1815. Y también que sobrevivió a las llamas que devastaron el resto de la ciudad en 1903. Hoy es una de las pocas mezquitas pintadas de los Balcanes, junto con la mezquita Et'hem Bey de Tirana (Albania) y la mezquita pintada de Tetovo (República de Macedonia).

▶ **Bezistan** – Es el otro elemento particular de la mezquita. Las arcadas de la planta baja, también pintadas, fueron diseñadas en 1757 para albergar un mercado cubierto de productos textiles (*bezistan* o *bedestan*), con diez tiendas situadas bajo la sala de oración que permitían albergar ricos tejidos y otras mercancías preciosas. Durante la reconstrucción de 1816-1817 se conservaron las tiendas, que han dejado de funcionar. Con esta arquitectura que mezcla íntimamente lo profano y lo sagrado, es la única mezquita de este tipo que ha sobrevivido en el país.

MONTAÑA VLAŠIĆ

Este macizo se extiende a lo largo de 500 km^2, dominando el valle del Lašva al norte de Travnik. Su pico Paljenik alcanza los 1943 metros de altitud. Con sus vastas mesetas a más de mil metros de altura, ideales para la cría de ovejas, el monte Vlašić es famoso por sus quesos y sus perros pastores. A caballo entre la *frontera* entre la Federación de Bosnia y Herzegovina (al sur) y la República Srpska (al norte), cuenta una pequeña estación de esquí, Vlašić-Babanovac, y también con algunos pueblos como Vitovlje y Donji Korićani/Доњи Корићани.

▶ **Historia** – Marcado durante siglos por la presencia de los arrumanos, el macizo constituyó un importante maquis para los partisanos de Zenica entre 1942 y 1945. Durante la última guerra, permaneció ocupado por el ejército serbobosnio y fue escenario de la masacre de doscientos hombres bosníacos, fusilados y asesinados con granadas en lo alto de los acantilados de Donji Korićani el 21 de agosto de 1992. El macizo fue parcialmente liberado por las fuerzas bosnias unas semanas antes de los Acuerdos de Dayton.

DONJI VAKUF

Esta pequeña villa de 7000 habitantes (ahora 95 % bosníacos) goza de un bello entorno que bien merece una visita. Donji Vakuf se alza en la entrada del estrecho valle del Vrbas, que desemboca en Jajce y Banja Luka por el norte. Al oeste, la localidad está dominada por el monte Komar, que se eleva a 1510 metros de altitud. Su nombre, que significa «fundación desde abajo», hace referencia a su creación en 1572 por el bey otomano Malkoçoğlu İbrahim, líder de la temible

VISITA

unidad de caballería ligera irregular de los akıncılar. El nombre original turco de Aşağı Vakıf se tradujo posteriormente al idioma eslavo del sur. Donji Vakuf sufrió importantes daños durante la última guerra. Estuvo ocupada por las fuerzas serbobosnias durante cuatro años antes de ser liberada en 1994 por el ejército bosnio.

▶ **Patrimonio** – Sus dos principales monumentos heredados de la época otomana fueron reconstruidos en la primera década del siglo XXI: la torre del reloj (*sahat-kula*), rematada por un tejado de madera del siglo XVIII, y la mezquita de Handan Bey (Handanija džamija), que data de 1617. En la salida sur, perdido en el páramo, se puede ver un hermoso mausoleo musulmán (*turbe*) del siglo XVIII en la calle Klimenta. Más adelante, aunque difíciles de encontrar por hallarse dispersos, se hallan los cimientos de una basílica paleocristiana (siglo IV) y tumbas medievales bosnias (*stećci*); además de hermosos paisajes boscosos a medida que se asciende hacia el norte por el cañón del Vrbas, cerca del pueblo de Torlakovac. Al sur, el cercano pueblo de Prusac alberga uno de los santuarios más sagrados del país.

JAJCE ⭐⭐

▶ **Localidad** – Jajce/Jajце tiene unos 7000 habitantes, de los cuales un 45 % son bosniocroatas y un 45 % bosníacos. Es la capital del municipio de Jajce (27 000 habitantes), en el cantón de Bosnia Central (Federación de Bosnia y Herzegovina). La villa se halla a 53 km al noreste de Travnik.

▶ **Descripción** – Es difícil pasar por la antigua capital del Reino de Bosnia sin detenerse. Vengas de donde vengas, tras unos valles encajados, te sorprenderá este amplio valle con sus torres y murallas medievales y sus impresionantes cascadas. Si quieres descubrir los tesoros de la ciudad, tendrás que dedicarle bastante tiempo. Jajce se encuentra a 375 metros de altitud, en la confluencia de dos ríos impetuosos, el Pliva y el Vrbas. El pequeño centro presume de un patrimonio asombrosamente diverso, reflejo de diferentes épocas: antiguos, medievales, islámicos, austrohúngaros y socialistas.

Pero la última ciudad en ser capturada por los otomanos, en 1527, también presume de algunos monumentos insólitos, como una iglesia de estilo

© SKRGY – ISTOCKPHOTO

Cascadas en Jajce.

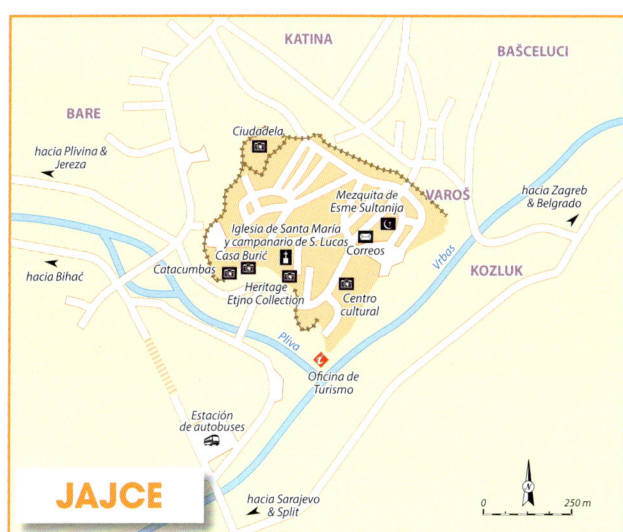

JAJCE

gótico, una de las dos mezquitas del país con nombre de mujer, un templo romano dedicado a un dios indoiranio y una tumba real decorada con símbolos bogomilos. Este conjunto arquitectónico y natural figura desde 2006 en la lista indicativa del Patrimonio Mundial de la Unesco.

■ CATARATAS DEL PLIVA ★★
Drugog zasjedanja AVNOJ-a
En la entrada sur de la ciudad, fuera de las murallas (bien señalizado).
Estas cataratas (Plivski Vodopad) son magníficas y las únicas del mundo situadas en el centro de una ciudad. El río Pliva, que nace 27 kilómetros río arriba en Šipovo, se lanza aquí en el Vbras dando un espectacular salto de 21 metros de altura que forma dos

paredes de agua de unos 15 metros de ancho cada una. Se puede disfrutar del espectáculo desde distintos ángulos. Si quieres observarlas de cerca y darte un chapuzón, se ha instalado una plataforma justo debajo (acceso de pago). La vista desde los laterales sigue siendo impresionante, y se puede acceder libremente a la parte superior. Pero para sacar una buena foto, hay que subir más arriba, al borde de la carretera M-16 que sigue el curso del Vrbas en dirección a Banja Luka. Formado por un hundimiento del terreno y la acumulación de depósitos calcáreos hace 50 000 años, la conservación del lugar depende de las acciones del hombre. Antes de la última guerra, las cascadas alcanzaban los 30 metros de altura. Pero una repentina inundación provocó

© BORIS STROUJKO / ADOBE STOCK

Vista general de Jajce.

el derrumbe de la sección superior de piedra caliza. Según parece, la inundación fue causada por un terremoto o por la destrucción de una presa aguas arriba en el Pliva durante la guerra. La reciente construcción de presas en Šipovo hace temer nuevos cambios. Además, desde que en 2011 se excavó el lecho del Vrbas bajo las cataratas, el primer fin de semana de agosto se celebra cada año una competición de saltos: una treintena de saltadores de la antigua Yugoslavia se precipitan desde el centro de las cataratas, a 17 metros de altura.

■ IGLESIA DE SANTA MARÍA DE JAJCE

Svetog Luke

Esta antigua iglesia católica de finales del siglo XIV (Crkva Svete Marije) está en ruinas. Pero conserva su campanario de San Lucas, de 23 metros de altura, casi intacto. Construida en estilo gótico por los franciscanos, fue utilizada como lugar de coronación por los últimos reyes de Bosnia, y luego convertida en mezquita en 1582. Tras dos incendios, en 1658 y 1832, fue abandonada. Se alza en la parte occidental de la ciudad amurallada, cerca de la torre del Oso.

■ LAGOS DEL PLIVA

Mlinčići

Estos dos lagos artificiales de 2 kilómetros cuadrados (Plivska Jezera) albergan una magnífica colección de pequeños molinos de madera en sus orillas. Se crearon en 1895 con la construcción de una presa en el Pliva, dos kilómetros al noroeste de Jajce. Rodeados por carriles bici y, al norte, por la carretera nacional M-5 que se dirige a Šipovo, miden 4,3 kilómetros de largo y unos 320 metros de ancho. Viniendo desde Jajce, aparece primero el Malo Plivsko Jezero (Pequeño Lago de Pliva), de un kilómetro de largo y 24 hectáreas de superficie. Le sigue el Gran Lago (Veliko Plivsko Jezero), de 3,3 kilómetros

© AJDIN KAMBER – SHUTTERSTOCK.COM

Ciudad fortificada de Jajce.

de largo y 1,8 km² de superficie. Este termina en el pueblo de Jezero/Језеро («lago»), en la República Srpska. Los dos lagos están separados por una isla, a la que se puede acceder a pie o en bicicleta a través de pasarelas. Aquí, en la orilla norte, se han instalado diecinueve molinos de madera, con aspecto de pequeñas cabañas y que datan de la época otomana. Originalmente dispersos por los dos lagos, se concentraron en un lugar llamado Mlinčići («molinos»), en una cascada de suave pendiente. Montados sobre pilotes y colocados cada uno de ellos de forma que aprovechen la corriente, estos molinos funcionan con distintos mecanismos y, en algunos casos, siguen siendo utilizados por sus propietarios para moler cereales o trigo sarraceno. Este encantador entorno es perfecto para hacer pícnics, montar en bicicleta y pescar. También se pueden alquilar kayaks en el pequeño puerto deportivo del Gran Lago, a 600 metros al este de los molinos, frente al Motel Plaža.

■ CIUDAD FORTIFICADA DE JAJCE ★★

Cercado por 1300 metros de murallas, el caso antiguo (Stari Grad) se despliega en once hectáreas en la ladera de la colina, desde las cataratas del Pliva hasta una fortaleza situada 150 metros más arriba. La ciudad fue fundada por el ban croata Hrvoje Vukčić Hrvatinić en 1391. Se convirtió en la capital de los reyes de Bosnia en 1421 y fue la última localidad del país en caer en manos de los otomanos, en 1527. La fortaleza de la cima ha sufrido numerosas modificaciones. Su entrada aún luce el escudo de armas de la familia real Kotromanić. Pero el interior está casi vacío: solo queda un almacén de municiones otomano del siglo XVIII y un depósito de la época austrohúngara. Se puede acceder a una parte del camino de ronda, desde donde se disfruta de unas vistas extraordinarias de todo el valle de Jajce.

Abajo, en la ciudad amurallada, se concentran las mezquitas recién reconstruidas, la estructura de la iglesia de Santa María, las catacumbas, hermosas casas otomanas, el Museo Regional, edificios austrohúngaros con fachadas de colores, cafés, restaurantes, bancos, hoteles... Aunque la ciudad amurallada es la parte más turística de Jajce, en su interior aún viven unos mil habitantes. Eso es lo que la hace tan encantadora. Pero nada es totalmente perfecto: los coches siguen moviéndose por ella, creando atascos, y también están las casas en ruinas, bombardeadas por la artillería serbobosnia en 1992 o abandonadas desde el final de la guerra. Pero todo ello forma ya parte de la historia de Jajce.

■ SANTUARIO DE SAN JUAN DE PODMILAČJE ★★

✆ +387 30 64 50 44
www.zupapodmilacje.com

Dominado por el campanario en espiral de una iglesia contemporánea, este santuario católico (Svetište Svetog Ive Podmilačje) goza de un bello entorno natural. Se encuentra a 7,5 kilómetros al noreste de Jajce, a la entrada del valle del Vrbas, junto al río y a lo largo de la carretera M-16 que se dirige a Banja Luka. Debido a las *milagrosas* curaciones atribuidas a los manantiales de las colinas cercanas, el lugar fue considerado el Lourdes de Bosnia antes de la aparición de Međugorje (cerca de Móstar) en la década de 1980.

El santuario y el pueblo de Podmilačje (650 habitantes, 97 % bosniocroatas) se desarrollaron a partir de 1416, cuando el fundador de Jajce, Hrvoje Vukčić Hrvatinić, mandó erigir aquí una iglesia consagrada a san Juan Bautista en honor de Johannes de Wildeshausen. Este dominico alemán se había ganado la simpatía de la población local al

encabezar en la década de 1230 una campaña para la conversión pacífica de los bogomilos bosnios, rompiendo con las sangrientas cruzadas lanzadas por el Papa. Tras la Segunda Guerra Mundial, los franciscanos insuflaron nueva vida al santuario publicitando *curaciones inexplicables.* Pero la iglesia medieval fue arrasada en 1992 por el ejército serbobosnio. Como parte de su reconstrucción, en 2003 se puso en marcha un proyecto para construir un segundo edificio capaz de acoger a más fieles.

▶ **Hormigón y ligereza.** Hoy hay dos nuevas iglesias, una al lado de la otra. Ambas están dedicadas a san Juan Bautista. Una es una réplica del edificio de piedra del siglo XV (15,85x8,50 metros); mientras que la otra es una estructura futurista de hormigón en bruto. Esta última, terminada en 2010, es obra del arquitecto esloveno Marko Mušič. Nacido en 1941, trabajó en Yugoslavia durante el periodo socialista. Aquí, hizo excavar una colina al estilo de un teatro griego para sostener el edificio. El elemento central es el muro sur: con sus grandes aberturas, insufla luz a la nave de 3000 m², y luego se eleva gradualmente hasta enrollarse en espiral y formar el campanario de 62 metros de altura. Dos veces más alto que la torre de piedra de la iglesia, es el símbolo de una comunidad en perpetua expansión. La espiral, que parece no acabar nunca, refuerza esta idea. El diseño también es funcional. El santuario está diseñado para acoger a más de cien mil fieles el día de san Juan (alrededor del 24 de junio), tanto en la iglesia moderna como en su gran explanada cubierta de hierba con su altar al aire libre.

Santuario de San Juan de Podmilačje.

NORTE

Bienvenidos los amantes de la naturaleza y/o las sensaciones fuertes: el norte de Bosnia y Herzegovina alberga dos de los tres parques nacionales del país y los ríos más bonitos para descender haciendo rafting o en kayak. En este sentido, merece una mención especial el valle del Una, cerca de Bihać, que posee tanto los espacios protegidos más majestuosos como los lugares perfectos para practicar los más variados deportes acuáticos. Bienvenido también a un territorio complejo. Como un pequeño rectángulo de 50 km de norte a sur y de 100 km de este a oeste, la región norte se hunde profundamente en Croacia para dar forma de media luna a este país vecino. Si bien comparte una historia común y mantiene estrechos vínculos con este (los aeropuertos de Zagreb y Zadar permiten un acceso más fácil que Sarajevo), la población bosniocroata es minoritaria. Además, este territorio está muy fragmentado: por el relieve montañoso, por la división administrativa debido a los Acuerdos de Dayton y por la distribución de las comunidades desplazadas en el transcurso del siglo XX. Todos estos elementos hacen que las relaciones sean muy distantes entre los dos polos de la región: Banja Luka, la ortodoxa, capital de la entidad de la República Srpska, y Bihać, la musulmana, bastión de la resistencia bosníaca durante el último conflicto. Esta imagen, hoy un poco idílica, es de hecho bastante engañosa: Banja Luka fue creada por los otomanos y posee nada menos que dieciséis mezquitas; en cuanto a Bihać, fue la última ciudad conquistada por los otomanos (1592) y sigue marcada por la presencia, en la Edad Media, de los reyes y monjes católicos de Croacia.

BANJA LUKA ★★

▶ **Ubicación** – Banja Luka/Бања Лука o Banjaluka/Бањалука tiene una población de aproximadamente 151 000 habitantes, el 89 % de los cuales son serbobosnios. Es la capital del municipio de Banja Luka (190 000 habitantes) y de la entidad de la República Srpska. La ciudad está a 71 km al norte de Jajce (por el valle del Vrbas) y a 159 km al este de Bihać (por Bosanski Petrovac).

▶ **Descripción** – Sin mucho encanto (fue destruida por un terremoto en 1969) y sometida a inviernos fríos, Banja Luka tiene, sin embargo, algunas cosas interesantes que ofrecer. En primer lugar, sus numerosos restaurantes, algunos de los cuales se encuentran entre los mejores del país. Esto hace que sea un punto de partida interesante desde el que explorar los alrededores (la ciudad de Jajce, el valle del Vrbas, el Parque Nacional de Kozara, etc.). Otro punto a su favor es que se trata de una gran ciudad: con casi 200 000 habitantes, es la tercera aglomeración del país, por detrás de Sarajevo y Tuzla, y su centro, más bien compacto, la convierte en la segunda

CENTRO DE BANJA LUKA

Iglesia de San Sava
Gacka
B. Radicevca
Trg. Papih Boraca
Teatro Nacional
Salve Mrkalja
Nikole Tesle
Vidovdanska
Trg. Srpskih Yunaka
Casino
Banski Dvor
Mipana Tepica
Museo de Arte Contemporáneo
Iglesia
Palacio Presidencial
Correos
Srpska
Hospital
Kninska
KRALJA PETRA I KARACORCEVICA
V. Masgese
K. Alfonsa XIII
Vase Pelagica
Nikole Pasica
Gavre Ruckorica
Marije Bursac
Taxi
Srpska
Sara Dusana
Biblioteca
Jeverjska
Dom Omladine
Museo Nacional
Brace Mazar I Majke Marije
Teatro infantil
Trznicka
Vase Pelagica
Nikole Pasica
Vase Glusca
Majke Jugovica
Olokotronca
Mipana Rakita
SKENDERA KUPENOVICA
Teodora K.
Castillo
S. Kokanovica
Vrbas
Patre
Dom Obipicevo
0   300 m
VISITA

ciudad bosnia después de la capital. Bastión nacionalista serbio, parece una pequeña capital ordenada con sus ministerios, sus grandes edificios y su miniaeropuerto internacional conectado con Austria, Bélgica, Serbia, Suecia, Suiza o Francia durante todo el año. Además, sus numerosos festivales, su animada población estudiantil y su rica vida nocturna la convierten en una ciudad mucho más dinámica que muchos destinos turísticos del resto del país.

■ **CATEDRAL DE SAN BUENAVENTURA** ⭐⭐
Kralja Petra I Karađorđevića, 80
biskupija-banjaluka.org
De una modernidad sorprendente, esta catedral católica (Katedrala Svetog Bonaventure/Катедрала Светог Бонавентуре) es uno de los mejores ejemplos de la arquitectura religiosa heredada del período socialista en Bosnia y Herzegovina. Pero está casi escondida, apartada de la calle principal (400 metros al noreste de la catedral de Cristo Salvador), y solo abre para las misas. Como sede de la diócesis católica de Banja Luka, está dedicada a Buenaventura de Bagnoregio, doctor de la Iglesia y Ministro General de los franciscanos, fallecido en Lyon en 1274. Se construyó en la ubicación de la antigua catedral del mismo nombre (1887), destruida durante el terremoto de 1969. Se terminó en 1973 y es la mayor obra del arquitecto agramita Ljubo Matasović.

Banja Luka.

Sufrió daños durante el último conflicto y fue restaurada en 2001.

▶ **Iglesia** – Su inmenso tejado recuerda al de una pagoda. De hecho, se diseñó como la tela de una tienda. Hay una doble referencia. En primer lugar, es la evocación del sufrimiento sufrido por la población de Banja Luka, que durante meses tras el terremoto de 1969, se vio obligada a vivir bajo tiendas de campaña. Es también una alusión al tabernáculo, la tienda de Dios que albergaba el arca de la alianza en el Antiguo Testamento. Muy luminosa, el interior fue pintado por el gran artista de Dubrovnik, Ivo Dulčić, poco antes de su fallecimiento en 1975.

▶ **Campanario** – Añadido en 1991, es la parte más sorprendente del conjunto. Esta torre de hormigón en bruto tiene 42 metros de altura y alberga cinco campanas, una de las cuales pesa más de una tonelada. Se compara a menudo con una torre de televisión y cuenta con una considerable escalera en espiral que completa su aspecto futurista. El punto más alto aún muestra las cicatrices de los daños causados por los milicianos serbobosnios en 1992.

Alrededor de la catedral

▶ **Diócesis** (Бискупија – Biskupija) – En el patio de la catedral. Una serie de edificios de estilos diferentes albergan los locales de la diócesis católica de Banja Luka. Aquí fue recibido el papa Juan Pablo II en 2003.

▶ **Eparquía** (Епархија – Eparhija) – Lado este. La catedral linda con ell complejo de la eparquía ortodoxa serbia de Krajina y con varios edificios administrativos y la iglesia de la Santísima Trinidad (1969), que sirvió de modelo a la catedral de Cristo Salvador.

▶ **Fábrica de cigarrillos** (Фабрика Дувана – Fabrika duvana) — Lado norte. Fundada en 1888, pertenece hoy al grupo British American Tobacco.

▶ **Asamblea Nacional de la República Srpska** (Народна скупштина Републике Српске – Narodna skupština Republike Srpske) – Lado oeste, al otro lado de la calle Kralja Petra I Karađorđevipiena. Creada en Sarajevo en 1991, fue trasladada a Pale y luego aquí, en 1998, a la antigua Casa del Ejército Yugoslavo construida en 1953. En la entrada se levanta un monumento erigido en 2007 en recuerdo de las masacres cometidas por los ustachis durante la Segunda Guerra Mundial.

▶ **Archivos de la República Srpska** (Архив Републике Српске – Arhiva Republike Srpske) – Lado sur, al final de la calle Bana Milosavljevića. Están alojados desde 1992 en un sobrio edificio de color amarillo pastel de estilo neoclásico que data de 1883 y conocido como la Casa imperial.

■ **MONUMENTO A LOS MUERTOS DE KRAJINA** ⭐⭐
Banj Brdo
Inaugurado en 1961, este enorme monumento blanco (Spomenik Palim Krajišnicima/Споменик Палим Крајишницима) rinde homenaje a los 64 000 partisanos yugoslavos de la Krajina bosnia caídos durante la Segunda Guerra Mundial. Es una escultura monumental de 13 m de altura y 24 m de longitud, creada por Antun Augustinčić (1900-1979). Se alza en la colina de Banj (6 km al oeste del centro de la ciudad), en la orilla derecha del Vrbas. A 431 m de altitud, el lugar ofrece una espléndida panorámica del valle, Banja Luka y la región. Se eligió porque fue aquí, en un chalé, donde los representantes comu-

nistas de las distintas comunidades de Bosnia y Herzegovina tomaron la decisión de unirse a la lucha armada contra las fuerzas del Eje el 8 de junio de 1941, justo un mes después de la invasión alemana de los Balcanes. Evocando, desde la distancia, una bala disparada por un fusil, el monumento representa a un hombre desnudo ondeando una bandera, mientras que los laterales muestran los combates y la reconstrucción de la región tras la guerra.

▶ **Una obra pionera.** La obra fue diseñada por uno de los más grandes escultores de la Yugoslavia socialista, el croata Antun Augustinčić, autor de estatuas ecuestres en Serbia, Croacia y Polonia, así como del *Monumento a la Paz* que se erige frente a la sede de las Naciones Unidas en Nueva York desde 1954. El escultor empezó a trabajar en el monumento a los partisanos de Krajina en 1948, inspirándose en gran medida en el movimiento realista socialista ruso.

© LIRIK39 - SHUTTERSTOCK.COM

Monumento a los Muertos de Krajima.

Pero la ruptura entre Tito y Stalin ese mismo año llevó a Augustinčić a distanciarse de los artistas de la URSS, influyendo con su planteamiento en una nueva escuela yugoslava. Para el monumento se eligió la prestigiosa piedra blanca de la isla croata de Brač. Desde la Antigüedad, esta piedra se ha utilizado para construir monumentos tan famosos como el palacio de Diocleciano en Split y la Casa Blanca en Washington. Pero no se adaptaba bien al frío y húmedo clima invernal de Banja Luka. A mediados de la década de 1960, el monumento se resquebrajaba y amenazaba con derrumbarse. Desde entonces, se han llevado a cabo varias fases de restauración y estabilización de la piedra, la última en 2008. La erosión parece haberse detenido. Sin embargo, la humedad se ha extendido al interior, donde los frescos del gran pintor de Tuzla Ismet Mujezinović (1907-1984) se han perdido para siempre.

■ **PARQUE ARQUITECTÓNICO DEL CAMPUS UNIVERSITARIO**
Bulevar Vojvode Petra Bojovića, 1
www.unibl.org/en
Esta zona protegida de 28 hectáreas (Spomenik Parkovske Arhitekture Univerzitetski Grad/Споменик Парковске Архитектуре Универзитетски Град) abarca el campus de la Universidad de Banja Luka (2 km al este del centro de la ciudad), creado en 2012 en el emplazamiento de una base militar. Los edificios (incluido un cuartel de 1889) no se pueden visitar. Pero se puede pasear por los espacios verdes, la avenida de plátanos y el jardín botánico que bordea el Vrbas. Justo al norte hay un parque municipal de doce hectáreas.

■ REGIÓN DE BANJA LUKA ■

GARGANTAS DEL VRBAS

▶ **El valle del río Vrbas**/Врбас se extiende 70 kilómetros de norte a sur entre Banja Luka y Jajce. Está bordeado en toda su longitud por la carretera M-16. Hay conexiones de autobús desde Banja Luka con la compañía Bočac-Tours (salidas desde la estación principal de autobuses de la ciudad, junto a la estación de ferrocarril y a 200 metros al este de la estación de autobuses).

▶ **El Vrbas** («pasto» en eslavo) ofrece aquí, a lo largo de algo más de un tercio de su longitud total (192 km), magníficos paisajes. Encajonado entre el macizo de Čemernica (1339 m) al este y el de Manjača (1239 m) al oeste, el valle se vuelve cada vez más impresionante cuanto más se acerca a Banja Luka. El río ha excavado dos profundas gargantas en la piedra caliza: primero el cañón de Podmilačje (8 km de largo) y después el de Tijesno (5 km), con acantilados que se elevan 600 metros sobre el agua. Eje estratégico defendido por tres fortalezas medievales, el valle fue capturado por el ejército yugoslavo (bajo control serbio) en 1992, convirtiéndose en escenario de terribles atrocidades, sobre todo en el campo de concentración de Manjača. Hoy es una zona protegida, escasamente habitada y, a lo largo de sus 21 kilómetros, un lugar popular para

© MAPA KULTURE - SHUTTERSTOCK.COM

Cañón de Podmilačje.

la práctica del rafting. Cerca de Banja Luka, hay un tramo de 5 kilómetros muy técnico e iluminado por la noche, lo que lo convierte en escenario habitual de competiciones internacionales, entre ellas los Campeonatos del Mundo de Rafting en dos ocasiones, en 2009 y 2021.

KRUPA NA VRBASU

◼ FORTALEZA DE BOČAC
Stari Grad Bočac
Encaramada sobre una colina a 320 metros altitud, esta fortaleza en ruinas (Tvrđava Bočac/Тврђава Бочац) merece una parada de treinta minutos en la carretera entre Banja Luka (39 km) y Jajce (33 km). Fundada en el siglo XV y capturada por los otomanos en 1527, fue reforzada hasta principios del siglo XVII y abandonada en 1833. Conserva parte de su torre del homenaje y ofrece hermosas vistas del Vrbas y del lago artificial de Bočac. Domina

una presa de 66 metros de altura que alimenta desde 1981 la central hidroeléctrica de Bočac, una de las más potentes del país.

◼ ALDEA DE KARANOVAC
Karanovac
Karanovac/Карановац se encuentra en un amplio meandro del río Vrbas (12 km al sur de Banja Luka) y forma parte del municipio de Rekavice (unos 2000 habitantes). Aquí se encuentra la mayoría de las agencias de rafting del valle, que te llevarán río arriba hasta los puntos de salida (Zvečaj, Krupa na Vrbasu...). El lugar es bonito, con abundante vegetación, zonas de baño... y un vertedero. Por otra parte, hay que cruzar el puente de Karanovac para llegar al pueblo tradicional de Lubačke Doline.

SANSKI MOST

Llamada la Ciudad a los nueve ríos, Sanski Most/Сански Мост

(«puente del Sana») alberga la mezquita Hamza-Bey, una de las mezquitas otomanas más grandes del país. Dotada de cuatro minaretes de 51,5 m de altura, fue construida en 1557 por el gobernador de Bosnia Hamza-Bey Biharović, destruida en 1992 por las fuerzas bosnoserbias (que ocuparon la ciudad hasta 1995) y reconstruida en el 2000. En las colinas, 7 km al sur, puedes visitar el emplazamiento de Dabarska Pećina (*entrada libre*), una red de catorce cuevas, la principal de 300 metros de longitud, que alberga el nacimiento del río Dabar. Desde el centro de la ciudad, dirígete hacia el sur y cruza la nacional M-5 en dirección a Klejvci. La segunda carretera a la derecha será la correcta. Después, la carretera se convierte en una pista hasta llegar a un pequeño cañón.

▶ **Población y geografía** – Esta ciudad de 20 000 habitantes pertenece a la Federación de Bosnia y Herzegovina. Anteriormente poblada por bosnoserbios y bosníacos a partes iguales (alrededor del 45 %), actualmente cuenta con una población esencialmente bosníaca (82 %) y bosniocroata (16 %). Dominada, al oeste, por el monte Grmeč (1605 m de altitud) y, al este por el monte Mulež (1013 m), la localidad se alza a orillas del Sana (importante río que desemboca en el Una, en Novi Grad, al norte). También la atraviesan los ríos Dabar, Sanica, Bliha, Japra, Zdena, Majdanska, Sasinka y Kozica.

▶ **Acceso** – Se halla a 85 km al este de Banja Luka por la M-4 y la M-15 vía Prijedor. No hay autobuses directos desde Banja Luka. Hay que hacer transbordo en Prijedor.

PARQUE NACIONAL DE KOZARA

Con una superficie de 35,2 kilómetros cuadrados, es el segundo Parque Nacional más grande de Bosnia y Herzegovina. Está situado en el territorio de la República Srpska, en gran parte sobre el macizo de Kozara, que culmina a 978 metros de altitud. Formado por

Monumento a la Revolución, en el Parque Nacional de Kozara.

© ALDIN KAMBER - SHUTTERSTOCK.COM

mesetas y colinas, está recubierto de bosques: hayas y abetos al norte, robles, pinos blancos y negros y píceas al sur. Aquí nacen varios ríos, especialmente el Mljećanica, el Moštanica y el Crna Rijeka, que crean cascadas en algunos lugares. Encontramos ardillas, zorros, gatos monteses, martas y hurones, a veces lobos y osos, pero también águilas, varios tipos de búhos, perdices, palomas, pájaros carpinteros y ruiseñores.

▶ **Infraestructuras** – El lugar está marcado por el recuerdo de una importante batalla de la Segunda Guerra Mundial, con la presencia del bello Monumento a la Revolución. También hay una pequeña estación de esquí, dos hoteles, algunos restaurantes y un centro que proporciona información sobre las diferentes rutas de senderismo y ciclismo de montaña y sobre los lugares de escalada. El acceso está en el parque y es de pago.

BIHAĆ

▶ **Ubicación** – Bihać/Бихаћ tiene una población de unos 43 000 habitantes, de los cuales el 86 % son bosníacos y el 8 % bosniocroatas. Es la capital del municipio de Bihać (56 000 habitantes) y del cantón de Una-Sana (270 000 habitantes), que forma parte de la Federación de Bosnia y Herzegovina. La ciudad está situada a 121 km al sureste de Senj (en la costa croata), a 152 km al noroeste de Jajce y a 161 km al oeste de Banja Luka.

▶ **Descripción** – En la frontera con Croacia, Bihać es la ciudad más occidental de Bosnia y Herzegovina. Fundada en el siglo XIII, es también una de las tres ciudades más antiguas del país. Por desgracia, ha perdido la mayor parte de su patrimonio después de las obras de modernización emprendidas por los austrohúngaros y tras el terrible asedio de 1992-1995. Por ello, su pequeño casco histórico de seis hectáreas se puede recorrer a pie muy rápidamente. Sin embargo, Bihać tiene alguna cosa más que ofrecer al visitante: el Una. Este poderoso afluente

del río Sava, que ya era conocido por su belleza «única» (*una* en latín) en la época romana, serpentea entre exuberante vegetación, rugientes cascadas y encantadores islotes hasta el corazón de la ciudad. Se puede pasear por su orilla o relajarse en la terraza de un café. También se puede vivir de él, de su amplio y fértil valle que se extiende hasta la cordillera de Plješevica (1657 m). Desde la creación del Parque Nacional de Una, justo al sur de la ciudad, en 2008, el hermoso río ha convertido Bihać en un destino turístico en auge, con una amplia gama de actividades que incluye rafting, senderismo, buceo…

■ **CENTRO DE INFORMACIÓN DEL PARQUE NACIONAL DE UNA**
Bosanska, 1
☎ +387 37 22 15 28
www.npuna.com
El principal centro de información del parque (Info Centar Nacionalnog Parka Una) se halla en el casco histórico de Bihać. Aquí encontrarás información sobre las tasas que se aplican en la zona protegida (entrada, actividades náuticas,

VISITA

que incluyen el baño en determinados lugares, etc.), alojamiento, agencias de rafting, autobuses, senderos, etc. También ofrecen excursiones guiadas (previa reserva). Y hay puntos de información en las cinco entradas del parque.

■ ISLOTES DE BIHAĆ ⭐
Gradska Otoka

En el corazón de Bihać, el río Una está salpicado por una docena de islotes que conforman el pulmón verde de la ciudad. El más grande, justo en el centro, el Gradska Otoka (la «Isla de la Ciudad») ocupa alrededor de una hectárea. Está unido a la orilla del río por una pasarela al este y un puente para vehículos comerciales al oeste. Su extensa zona de césped y su teatro al aire libre acogen el Festival de Verano (conciertos en julio) y el Festival Imperium (música electrónica, finales de julio/principios de agosto). Gradska Otoka es también el escenario de la llegada de la carrera de rafting Una Regata, a finales de julio. En el sur de la isla se alza la estatua más famosa de Bihać: *La niña Una* (*Djevojka sa Une*). Este desnudo de bronce fue creado en 1986 por Vladimir Herljević, responsable también de los bajorrelieves del *Muro de la liberación*, en el casco histórico. Al norte, un pontón da acceso a Amerikančeva Otoka. Esta diminuta *isla americana* está rodeada de vegetación y cuenta con bancos desde donde disfrutar de la vista de pequeñas cascadas. Más al norte se encuentra Huseinbegova Otoka (la «isla de Husein Bey»). Se llega a ella cruzando una pasarela en la orilla derecha. En este islote hay varias viviendas, algunas en alquiler. También hay alojamientos en el islote Mlin («molino»), muy cerca de la orilla derecha. Por último, muy al sur, el

© TOURISM ASSOCIATION OF BUSNIA AND HERZEGOVINA

El río Una a su paso por Bihać

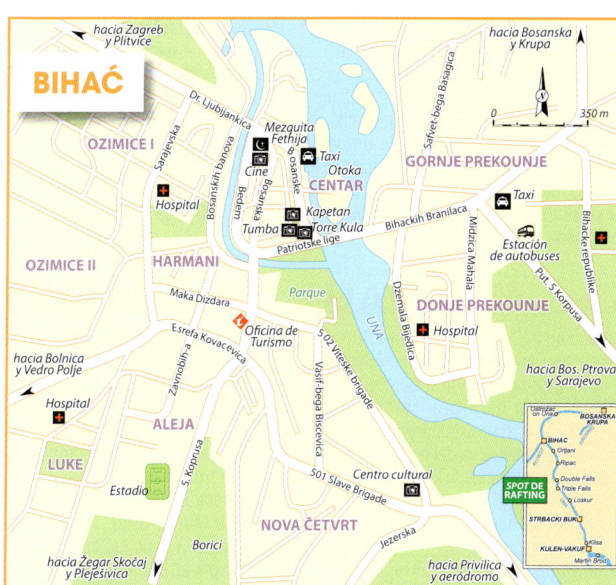

islote Beton debe su nombre a un largo dique de hormigón que forma una popular *piscina* en verano. Se accede por una pasarela situada detrás del hotel Paviljon.

■ MEZQUITA FETHIJA ★★
Trg Džemaludina Čauševića

Dedicada a la «conquista», esta mezquita (Fethija Džamija) es un edificio islámico de estilo gótico poco común en Europa. Se trata de la antigua iglesia católica de San Antonio de Padua, fundada en 1266, reconstruida en el siglo XIV y transformada en lugar de culto musulmán en 1592. De forma rectangular y con 15,50 metros de altura (sin minarete), ha servido de modelo a muchas mezquitas de la Krajina construidas en el siglo XVII.

◗ **Exterior** – La fachada es la parte más interesante. Conserva dos elementos de la antigua iglesia, típicos del arte gótico: el rosetón de 2,10 metros de diámetro y el pórtico, en el que subsisten bajorrelieves vegetales en la base de las dovelas. El propio pórtico está coronado por una inscripción en turco otomano (caracteres árabes) que indica la fecha de la principal restauración del edificio, en 1894. A la derecha, la imponente base del minarete (42 metros de altura) parece desnaturalizar el conjunto. Sin embargo, se construyó en la ubicación del antiguo campanario (en 1863, como prueba otra inscripción). El propio campanario fue utilizado anteriormente como minarete. Otros elementos de la época cristiana permanecen en las paredes, en particular los símbolos (22 tipos diferentes) grabados en los bloques de piedra que dejaron los talladores durante la construcción: era la manera más corriente de contabilizar el trabajo realizado, ya que los talladores de piedra eran remunerados por tarea terminada.

▶ **Interior** – Se ha retirado el ábside, y se añadieron un minbar y una mihrab. Pero toda la carpintería y los tejados del siglo XVI desaparecieron en la transcurso de la Segunda Guerra Mundial.

En 1894, se descubrieron en el interior varias lápidas de señores croatas del siglo XV, que hoy se exhiben en el Museo Nacional de Bosnia y Herzegovina, en Sarajevo.

ALTO VALLE DEL UNA

Creado en 2008, es el más majestuoso de los tres Parques Nacionales de Bosnia y Herzegovina. Situado a quince kilómetros al sur de Bihać, se extiende sobre 198 kilómetros cuadrados en una estrecha franja que va del norte al sur de Croacia durante sesenta kilómetros. Este conjunto natural protegido se articula alrededor del río Una y de su afluente el Unac.

Dominado por el monte Ljutoč (1168 metros de altitud), el parque alberga ecosistemas complejos, una rica fauna (30 especies de peces, 130 especies de aves, linces, zorros, lobos, osos, etc.), cañones, un lago (al sur) y magníficas cascadas y cataratas, (la más bella de las cuales es Štrbački Buk, a la que se accede desde ambos lados de la frontera).

Hay una decena de pueblos y aldeas, entre ellos Martin Brod, famoso por sus cataratas. Y muchos lugares que descubrir a pie, en bicicleta de montaña o en coche pero, sobre todo, en un rafting (o en kayak).

© DRAGONCELLO - SHUTTERSTOCK.COM

Kulen Vakuf.

KULEN VAKUF ⭐⭐

Ubicado en un meandro del Una, Kulen Vakuf es el pueblo más importante del Parque Nacional. El lugar es agradable y saca provecho de unos paisajes magníficos con dos islas pequeñas y las ruinas de fortalezas de los periodos medievales y otomanos instaladas en las colinas a ambos lados del río: la antigua ciudad de Ostrovica (Stari grad Ostrovica) domina el valle a 500 metros de altitud, en la orilla izquierda (al sudoeste), mientras que en la colina de la orilla derecha subsisten las imponentes murallas de Havala (Stari Grad Havala), a 400 metros de altitud. Se puede acceder a ellas a través de senderos acondicionados con zonas de pícnic, que ofrecen bonitas vistas. En el centro del pueblo (orilla izquierda), la nueva mezquita de Sultan Ahmet (Sultan Ahmedova džamija) recuerda el pasado agitado de Kulen Vakuf. Erigida hacia 1610, durante la creación del pueblo, recibió su nombre en honor del sultán otomano Ahmet I (1590-1617), pero fue destruida y reconstruida tres veces en el siglo XX.

▶ **Historia y población** – El pueblo cuenta hoy con menos de 500 habitantes, principalmente bosníacos. Pero, antes de la última guerra, su población superaba las 2000 personas, 70 % bosníacas y 25 % serbobosnias. Los habitantes bosníacos huyeron tras la captura del pueblo por el ejército serbobosnio en 1992. A su vez, los habitantes serbobosnios abandonaron el lugar cuando las tropas bosníacas regresaron a la región en 1995. Solo una parte de la población bosníaca ha regresado desde entonces para quedarse. Importante puerto de comercio fluvial durante el periodo otomano, la pequeña ciudad era conocida en primer lugar por el nombre de Džisri Kebir (deformación del árabe *Jisr el-Kebir*, «gran puente») y de Palanka. Tomó su nombre actual en el siglo XIX, cuando se erigieron nuevos edificios gracias a una donación (*vakuf*) de un oficial otomano originario de la región, Mahmut Pasha Kulenović (1776-1806). El pueblo fue prácticamente borrado del mapa en diciembre de 1941, tras una serie de masacres cometidas por los ustachis croatas, los chetniks serbios y los partisanos.

▶ **Rafting y kayak** – Varias agencias ofrecen descensos por el Una con salida en Kulen Vakuf en dirección a las cataratas de Štrbački Buk. Además del precio del alquiler del equipo o de la visita guiada, hay que pagar una tarifa de paso en el Parque Nacional, de 6 a 12 BAM por persona, en función del destino.

CATARATAS DE ŠTRBAČKI BUK

El «ruido de Štrbci» es el lugar más famoso del Parque Nacional, compuesto por varias cascadas —la más alta alcanza los 27 m de altura—. Situado en la frontera, en un cañón, debe su nombre al alboroto de las cataratas del Una y la proximidad de la aldea de Donji Štrbci (25 habitantes), en Croacia. Desde las dos orillas, el espectáculo es magnífico. Pero el acceso en coche, a pie o en bicicleta, es mucho más fácil por la parte de Bosnia y Herzegovina, especialmente por la entrada 3 del Parque Nacional, en Ćelije. Štrbački Buk constituye la etapa insignia de numerosas excursiones en rafting o kayak procedentes de Lohovo o Račić (unos 10 km) o la base de la agencia Una Aquarius (www.una-aqua-

VISITA

Cataratas de Štrbački Buk.

rius.com) ,situada en plena naturaleza, seis kilómetros río arriba. Aquí se invita a los participantes más aventureros a seguir a su guía en una impresionante zambullida, mientras las embarcaciones y el resto de pasajeros bajan tranquilamente, secos, por la orilla del río. Las cascadas se formaron gracias al ecosistema único del Parque Nacional, con una pequeña alga que ayuda a producir piedra caliza.

MARTIN BROD ⭐⭐

A modo de bienvenida te esperan las casas en ruinas y un puente destruido durante la guerra, reemplazado por otro, que dice provisional, desde 1997: la llegada a Martin Brod no resulta muy atractiva. Sin embargo, desde lo alto del valle, la vista no engaña: es el pueblo más bonito del Parque Nacional. Aquí, a unos cientos de metros de la frontera con Croacia, el Unac se une al Una para formar un delta ahogado en la vegetación y rodeado de cumbres que superan los 800 metros de altitud. Los dos ríos son majestuosos: mientras que su afluente emerge de un profundo cañón de casi un kilómetro de longitud, el Una vierte sus aguas en una serie de cascadas, una de las cuales es la más alta del parque. Marcada por la guerra, esta pequeña localidad de unos 130 habitantes, en gran mayoría bosnioserbios, revive desde hace algunos años gracias al rafting, pero también gracias a sus ricas aguas, senderos bien acondicionados, algunos restaurantes, alojamientos en casas particulares y el hotel restaurante Una-C.

 Rafting y kayak – Martin Brod es un buen punto de partida para un descenso en rafting o en kayak en familia hasta Kulen Vakuf (*9,5 km – aproximadamente 1,5 h – nivel fácil*). Para ello, además del precio del alquiler del material o de la excursión guiada, hay que pagar una tarifa de paso en el Parque Nacional de 6 BAM por persona.

INFO PRÁCTICA

Pueblo de Počitelj, cerca de Mostar.
© PARVIC - ISTOCKPHOTO

INFO PRÁCTICA

Dinero

▶ **Moneda:** introducido en junio de 1998, el marco convertible o Konvertibilna Maraka (BAM en lenguaje técnico) es la moneda oficial del país. Guarda una paridad fija con el euro.

▶ **Tipo de cambio:** 1 BAM = 0,51160 euros; 1 euro = 1,96 BAM.

▶ **Coste de la vida:** el coste de la vida es sensiblemente más barato que en Europa Occidental.

▶ **Medios de pago:** se prefiere efectivo.

▶ **Regatear:** el regateo no es una práctica habitual ni apreciada.

▶ **Propinas:** como en los países vecinos, las comidas en los restaurantes son baratas y el personal muy amable. La propina no está incluida, por lo que se agradece redondear la cuenta o dejar algunas monedas en la mesa.

Equipaje

▶ **En verano,** se pueden hacer bastantes cosas porque, aunque hace mucho calor durante el día, suele refrescar bastante por la noche, sobre todo en el centro de Bosnia. No olvides llevar ropa adecuada para visitar los lugares de culto, por ejemplo. Por lo demás, más o menos igual que en otros lugares de Europa.

▶ **En invierno,** prepárate para el frío. Con temperaturas que pueden descender hasta los -15 °C, necesitarás cubrirte de la cabeza a los pies.

Electricidad

No hay absolutamente ninguna diferencia en todo el país. La electricidad es de 220 V en todas partes.

Formalidades

No se requiere visado para viajar a Bosnia y Herzegovina. Basta con el carnet de identidad.

Idiomas

Se habla inglés en casi todas partes.

Cuándo ir

La temporada turística va de mayo a septiembre: durante este período, el clima es siempre agradable. La verdadera temporada turística va de junio a agosto. En invierno, enero y febrero marcan la temporada de esquí y senderismo de alta montaña, aunque no hay muchos turistas.

El clima semicontinental implica variaciones estacionales muy marcadas: la primavera y el otoño son bastante cortos, mientras que el invierno es riguroso y el verano caluroso.

Salud

▶ **Vacunas.** No hay vacunas obligatorias para viajar a Bosnia y Herzegovina. Sin embargo, es aconsejable estar al día con las vacunas clásicas (hepatitis A y B, difteria, tosferina y tétanos), e incluso añadir la vacuna contra la encefalitis transmitida por garrapatas si se piensa pasar mucho tiempo en el campo.

▶ **Calidad de la atención.** En general, la calidad de la asistencia es media en Bosnia, aunque tiende a mejorar. En caso de tener un problema, es mejor suscribir un seguro de repatriación para regresar a España y ser atendido aquí, salvo en caso de urgencia, evidentemente. Hay muchos hospitales y centros de salud que actúan como intermediarios entre hospitales y médicos, ofreciendo un servicio local.

▶ **Gastos médicos.** La atención brindada en el extranjero y en Bosnia se reembolsa, máximo, hasta los costes reales y dentro de los límites de las tasas y tarifas españolas. En cuanto al reembolso de los gastos farmacéuticos que hayan podido ocasionarse, deberás dirigirte a los servicios de salud de tu comunidad autónoma.

▶ **Riesgos y enfermedades.** Por lo que respecta a las enfermedades, no hay nada especial que reseñar en Bosnia y, además, no se requiere ninguna vacuna para entrar en el territorio. En verano, cuidado con las víboras en Herzegovina.

Seguridad

Aparte de los problemas que puedan suponer las zonas minadas, realmente no hay peligro para los turistas en Bosnia. Los robos son poco frecuentes, al igual que la delincuencia. Sin embargo, en las grandes ciudades, y sobre todo en Sarajevo, los robos de coches en busca de objetos de valor han aumentado en los últimos años

▶ **Viajeros con discapacidad.** Como en muchos países balcánicos, las instalaciones turísticas no están a la

altura de los visitantes con movilidad reducida. Pero se están haciendo progresos, y cada vez hay más hoteles nuevos que ofrecen instalaciones adaptadas

▶ **Viajeros gays y lesbianas.** Bosnia y Herzegovina sigue siendo un país muy conservador y tradicionalista. La homosexualidad solo está legalmente permitida desde 1998 en la Federación y desde 2000 en la República Srpska. En otras palabras, aunque las actitudes están cambiando, el proceso lleva tiempo.

▶ **Viajar con niños.** Este es un país muy favorable a los niños. Pero hay que asegurarse de antemano en las empresas de alquiler de coches de que se dispone de un asiento para bebés (a veces con coste adicional). Sucede lo mismo en los hoteles, donde a menudo solo hay una cama para niños muy pequeños.

▶ **Mujeres solas.** El país es algo machista, pero las mujeres que viajan solas en Bosnia y Herzegovina son recibidas. Las condiciones de seguridad son similares a las de Europa Occidental.

Teléfono

▶ **Código telefónico del país:** +387

▶ **Llamar al país desde España:** +387 seguido del número de 6 cifras del interlocutor, sin el cero.

▶ **Llamadas locales:** hacia y desde un teléfono fijo, marca las seis cifras del teléfono de tu interlocutor sin el prefijo.

▶ **Llamadas desde Bosnia y Herzebovina a España:** +34 seguido del número de 9 cifras del interlocutor, sin el cero delante.

Bosnia y Herzegovina puede ser abordada de forma muy sencilla, la acogida de sus habitantes será siempre muy buena.

▶ **Un tema sensible: los conflictos interétnicos.** Lo principal que debes entender, por supuesto, es su complejidad *étnica*. Se trata de diferencias culturales. De hecho, casi todos los habitantes son eslavos, pero pertenecen a tres categorías según su religión: bosníacos (islam), bosniocroatas (catolicismo) y serbobosnios (cristianismo ortodoxo serbio). El Acuerdo de Dayton (1995) utiliza estas tres categorías para organizar toda la vida política y social. Incluso los creyentes de otras religiones, los ateos y las personas de matrimonios mixtos se ven obligados a elegir una de estas tres categorías. El tema puede ser muy sensible en algunos casos. Es importante no generalizar al hablar de ello.

▶ **Se requiere una vestimenta adecuada.** Las visitas a los lugares de culto de las tres confesiones obedecen a las mismas reglas que en todas partes: discreción y respeto. En el caso de las mezquitas, pregunta siempre si puedes entrar antes de ir. Evita las horas de oración y vístete adecuadamente y, por supuesto, quítate los zapatos. En algunos lugares, se exige el mismo comportamiento para entrar en las iglesias, salvo que se puede acceder con los zapatos puestos. Pero si te reciben en casa de una familia, sea cual sea su confesión, es costumbre quitarse los zapatos por respeto. Por último, pide permiso antes de hacer una foto.

▶ **Respeta las *tres* lenguas.** En el país hay oficialmente tres idiomas: bosnio, serbio y croata. En realidad son la misma lengua, con algunas diferencias, y el serbio solo se distingue cuando se escribe en alfabeto cirílico. Por lo demás, a excepción

Juego de café artesano.

© KLEMENT GRGIC – SHUTTERSTOCK.COM

Móstar.

de algunos matices, es lo mismo. Pero las tres comunidades están muy apegadas a su *lengua,* creada artificialmente en la época del fin de Yugoslavia para reforzar el sentimiento nacional. Hasta 1992, el serbocroata era el idioma oficial en Bosnia y Herzegovina, Serbia, Croacia y Montenegro (solo el macedonio y, sobre todo, el esloveno diferían ligeramente). En los últimos años, con el aumento de los intercambios comerciales entre estos países, la noción de una lengua común ha vuelto a cobrar importancia. Para no ofender a nadie, los lingüistas lo llaman bosnio-serbio-croata (BSC) o bosnio-serbio-croata-montenegrino (BSCM). El mejor ejemplo de este acercamiento lingüístico lo encontramos en la televisión. Aquí, cada uno sigue el canal de su propia comunidad, pero cambia a los de sus vecinos en función de la película o el partido que se emite en los otros canales. Y cuando el canal de noticias qatarí Al Jazeera se instaló en los Balcanes en 2011, sus responsables se dieron cuenta rápidamente de que les sería imposible respetar las microdiferencias entre las *lenguas.* Con sede en Sarajevo, la dirección decidió simplificar las cosas emitiendo en *serbocroata* en Bosnia y Herzegovina, Serbia, Croacia, Montenegro y la República de Macedonia. Las pancartas bajo los presentadores están escritas en caracteres latinos y nadie se queja de que no las entienda. Esto es válido tanto en Tuzla como en Móstar, Belgrado, Skopje o Zagreb.

▶ **Cuidado con los campos de minas.** El otro gran tema espinoso es el de las minas. Algo menos del 3 % del territorio está todavía minado, no es mucho, pero es suficiente como para no correr riesgos, sobre todo porque estas están a menudo en los lugares más bellos. El consejo es seguir las indicaciones de esta guía y preguntar siempre en los alrededores si la zona que se pretende atravesar fuera de la carretera está despejada. Ten en cuenta que la mayoría de las zonas conocidas no están marcadas con señales adecuadas en el suelo.

ÍNDICE DE CONTENIDOS

EDICIÓN

Coordinación de la colección:
ALHENAMEDIA, Stéphan SZEREMETA, Dominique
AUZIAS y Jean-Paul LABOURDETTE
Autores: Baptiste THARREAU, Antoine RICHARD,
Laureen DUCHESNE, Nicolas JURY, Mathias
DESHOURS, Amandine GLEVAREC, Juliette
COURTOIS, Adélaide SAUTER, Romain RISSO,
Sylvie DEL COTTO, Kevin GIRAUD, Jean-Paul
LABOURDETTE, Dominique AUZIAS y otros
Director editorial: Francisco BARGIELA
Editora: Elena CODINA
Traducción y corrección: Ángeles LLAMAZARES,
Antonio FERNÁNDEZ

DISEÑO Y DIAGRAMACIÓN

Maquetación y montaje: María de los Llanos
ZOTES, Romain AUDREN, Julie BORDES,
Delphine PAGANO
Iconografía y cartografía: Anne DIOT,
Julien DOUCET

AUTORES Y CREADORES DE LA COLECCIÓN

Dominique AUZIAS y JEAN-PAUL LABOURDETTE
© Textos: Dominique AUZIAS y Jean-Paul
LABOURDETTE
© Mapas: Petit Futé
© Edición en español: Alhena Fábrica
de Contenidos y Petit Futé
© Traducción: Alhena Fábrica de Contenidos
y Petit Futé

Editado por **Alhenamedia** conjuntamente con **Les
Nouvelles Editions de l'Université,** 18, rue des
Volontaires, París, Francia.
Publicado originalmente en francés por Les
Nouvelles Editions de l'Université bajo el título
Bosnie-Herzégovine.

■ **CARNET DE VIAJE BOSNIA
Y HERZEGOVINA** ■

ALHENAMEDIA
C/ Rabassa, 54, local 1. 08024 Barcelona
Tel. +34 934 518 437
alhenamedia@alhenamedia.info
www.alhenamedia.info
Cubierta: *Móstar.* © *Pilat666 - iStockphoto.com*
ISBN: 978-84-18086-72-4
Depósito legal: B-4677-2026
Impreso en España por Gráficas Lidergraf

EU
Ecolabel
www.ecolabel.eu

EU Ecolabel
PT/053/00

RECOJA Y RECICL
EL PAPEL USAD